Steinbock

22.12.–20.1.

Steinbock

P. Michel
A. Wagner

22.12.–20.1.

tosa

Inhalt

Vorwort 6

Einleitung 8

Das Grundwissen 8

KAPITEL 1: Grundsätzliches über den Steinbock 18

Der Steinbock im Tierkreis 20

Der standhafte Steinbock 21

Der Steinbock und seine Mitmenschen 27

Wie lebt man mit einem Steinbock? 31

Der Steinbock und sein Lebensstil 37

KAPITEL 2: Der Steinbock im Beruf 40

Begabungen und Talente 42

Abneigungen 46

Vorgesetzte und Mitarbeiter 49

Selbstständigkeit 52

KAPITEL 3: Der Steinbock und die Liebe 56

Auf dem Boden der Tatsachen 58

Der Steinbock-Mann 64

Die Steinbock-Frau 69

Der Steinbock und seine Beziehungen 74

Sexualität: Der Steinbock-Mann 86

Sexualität: Die Steinbock-Frau 89

KAPITEL 4: Gesundheit 92

Allgemeine Ratschläge 94

Die Schwachzonen des Steinbocks 96

Ein guter Rat an den Steinbock 99
Sanfte Heilweisen für den Steinbock 101

KAPITEL 5: Essen und Trinken 106
Der Steinbock in der Küche 108
Der Steinbock und seine Gäste 109
Die Lieblingsgerichte des Steinbocks 111
Wie man einen Steinbock verwöhnt 113
Genießer oder Asket 115

KAPITEL 6: Der Steinbock als Kind 116
Der kleine Steinbock 118
Die Schulzeit 125
Steinbock-Kinder und ihre Spielgefährten 128

KAPITEL 7: Freizeit 130
Die Reiseländer des Steinbocks 132
Der Steinbock und seine Hobbys 133

KAPITEL 8: Der Mond und die Tierkreiszeichen 136
Allgemeines über den Mond 138

KAPITEL 9: Berühmte Steinböcke 154
Berühmte Frauen 156
Berühmte Männer 157

Die Autoren 160

Vorwort

Wenn Sie jetzt dieses Buch in Händen halten, so sind Sie höchstwahrscheinlich ein Steinbock oder zumindest am Sternzeichen Steinbock interessiert. Vielleicht leben Sie in einer temperamentvollen Beziehung mit einem Steinbock oder möglicherweise ist Ihr Chef einer. Zumindest möchten Sie etwas mehr über dieses Sternzeichen erfahren.

Es ist immer eine spannende Angelegenheit, etwas über sich selbst oder einen anderen Steinbock zu erfahren. Die nachfolgenden Seiten wollen Ihnen einen Gesamtüberblick über die vielfältigen Seiten des Steinbocks vermitteln. Wenn Sie selbst ein solcher sind, haben Sie sich wahrscheinlich ohnehin schon über das Inhaltsverzeichnis mit dem Buch vertraut gemacht. Trotzdem sollte das Buch bei der Lektüre noch einige Überraschungen für Sie bereithalten. Vielleicht wird es Sie auch das eine oder andere Mal zum Schmunzeln bringen. Das ist so beabsichtigt!

Das Sternzeichen eines Menschen zeigt uns dessen bestimmte Merkmale auf, es kann allerdings kein vollständiges Bild einer Persönlichkeit liefern. Dazu bedarf es eines umfassenden Horoskops.

Es wird Ihnen sicher schon aufgefallen sein, dass
es auch innerhalb eines Sternzeichens unterschiedliche Menschen gibt. Das zeigt uns, dass man nicht
alle Widder, Stiere oder Jungfrauen über einen Kamm
scheren kann. Trotzdem lassen sich viele verblüffende
Ähnlichkeiten feststellen, die viel zu eindeutig sind,
um als Zufall erklärt zu werden. Bestimmte Muster
kehren innerhalb eines Sternzeichens immer wieder.
Deshalb lohnt es sich, etwas mehr über die verschiedenen Aspekte eines Sternzeichens zu erfahren. Wen-
den wir uns also der geheimnisvollen Welt des Steinbocks zu.

Einleitung

Gehören auch Sie zu jenen Menschen, die zwar ihren Freunden und Kollegen gegenüber stets betonen, nichts von dieser „Sterndeuterei" zu halten, aber heimlich doch fast jedes Illustriertenhoroskop lesen? Natürlich nur zum Spaß!

Wir vermuten einmal, Sie haben ein gewisses Interesse an der Astrologie, kennen sich aber noch nicht sehr gut aus. Daher sind die nachstehenden Gedanken über die Wissenschaft der Astrologie für Sie vielleicht hilfreich, um Ihnen zumindest Grundkenntnisse der alten Sternenweisheit zu vermitteln. Außerdem versprechen wir Ihnen mehr Freude beim Lesen als bei den etwas eintönigen Zeitschriften-Horoskopen!

Wenn Sie zu den Befürwortern der Astrologie gehören – und ihre Zahl nimmt bekanntlich ständig zu –, werden Sie mit diesem Buch endlich genügend Argumente in die Hand bekommen, um Ihren Freunden und Kollegen zu beweisen, warum sich die Steinbock-Frau aus der Buchhaltung und der Widder-Abteilungsleiter so in die Haare geraten konnten.

Das Grundwissen

Normalerweise weiß jeder Mensch, zu welchem Sternzeichen er gehört. Das Tierkreiszeichen richtet sich nach dem Stand der Sonne zum Zeitpunkt Ihrer

Geburt. Wenn Sie also beispielsweise am 10. März geboren sind, gehören Sie, astrologisch gesprochen, zu den Fischen. Denn an diesem Tag stand die Sonne im Zeichen der Fische. Wurden Sie dagegen am 10. Januar geboren, sind Sie astrologisch ein Steinbock. Sie finden normalerweise ganz schnell heraus, zu welchem Zeichen Sie gehören, es sei denn, Sie fallen genau in den Wechsel zwischen zwei Zeichen. Dann kann es von Bedeutung sein, Ihre Geburtsstunde genau zu ermitteln und einen Astrologen oder das Internet zu befragen, zu welchem Zeichen Sie gehören.

Der Sonnenstand, also Ihr Sternzeichen, gibt Ihnen Auskunft darüber, wie Sie „in Ihrem Inneren" wirklich sind. Die Astrologie, wenn sie ernsthaft betrieben wird, vermag natürlich weitaus mehr über die Persönlichkeit eines Menschen auszusagen, aber wir wollen es in diesem Buch einmal beim Sonnenstand, dem Sternzeichen und dem Stand des Mondes bewenden lassen. Als Hinweis für die etwas Fortgeschritteneren unter den Lesern sei nur erwähnt, dass der „Aszendent" zum Ausdruck bringt, wie Sie der Umwelt gegenüber erscheinen, während die Stellung des Mondes, auf die wir im Kapitel 8 näher eingehen, im Horoskop wesentlich für Ihr Seelenleben und Ihre Gefühlswelt ist.

Es ist keine große Mühe, den Aszendenten und die Stellung des Mondes im Horoskop zu ermitteln. Diese Daten erfahren Sie aus dem Internet in Sekundenschnelle, wenn Sie Ihr Geburtsdatum und Ihren Geburtsort entsprechend eingeben. Mit unserer Sternzeichen-Serie haben Sie dann das Werkzeug in der Hand, um mehr über sich selbst zu erfahren.

Die Geschichte der Astrologie

Das Wort „Astrologie" setzt sich aus den beiden griechischen Wörtern „*Astron*" (Stern) und „*Logos*" (Wort,
Weisheit) zusammen. Wenn man es wörtlich übersetzen
zen möchte, könnte man von der „Sprache der Sterne"
oder besser von der „Sternenweisheit" sprechen.

Das wichtigste Grundwerkzeug für die Astrologie
ist das Horoskop, ein weiteres Wort aus dem Griechischen, das am treffendsten mit „Stundenzeiger" über-
setzt wird. Im Horoskop wird nach astronomischen
Grundsätzen die Stellung der Gestirne im Augenblick der Geburt aufgezeichnet. Da es einige schnell
laufende Planeten gibt, können manchmal wenige
Minuten ein deutlich verändertes Horoskop ergeben.
Es ist daher für eine eindeutige astrologische Deutung
wichtig, möglichst genau die Geburtszeit zu ermitteln.
Sollten Sie also demnächst Nachwuchs bekommen,
versuchen Sie auch in der Aufregung der Geburt mit
einem Auge auf die Uhr zu schauen. Sie werden später
dafür dankbar sein – und Ihr Kind selbstverständlich
auch!

Die Ursprünge

Die Anfänge der Astrologie verlieren sich im Dunkel
der Geschichte. Zu allen Zeiten hat das sternenüber-
säte Himmelszelt die Menschen mit Ehrfurcht erfüllt.
Viele Religionen haben sogar Gott oder die Götter am
Sternenhimmel angesiedelt, denn die Menschen such-
ten stets nach einem „sichtbaren" Ausdruck dieser verborgenen Kräfte, von deren Wirken sie nichts wussten.

Die Babylonier, etwa im 4. Jahrtausend v. Chr., scheinen die Ersten gewesen zu sein, die sich die Frage stellten, ob die Bewegung der Gestirne möglicherweise eine verborgene Botschaft der Götter sein könnte. Also begannen sie, die Bewegung der Lichter am Sternenhimmel aufzuzeichnen – und sie stellten eine gewisse Regelmäßigkeit fest. Was lag also näher, als die Gesetzmäßigkeiten festzuhalten. So entstand der erste Kalender!

Die Ägypter, von deren tiefem Wissen heute nur noch die Pyramiden und einige alte Tempelruinen Zeugnis ablegen, waren historisch die Nächsten, etwa 2500 v. Chr., die sich in die Deutung der Gestirne vertieften. Sie kleideten ihr Wissen in Mythen und Sagen, aber die eingeweihten Priester vermochten diese zu deuten und ihren tiefen Sinn zu entschlüsseln. Zu jener Zeit war das astrologische Wissen nur wenigen Eingeweihten vorbehalten.

Wenn C. G. Jung, der große Psychologe, später diese Sternenweisheit als den „symbolischen Ausdruck für das innere, unbewusste Drama der Seele" bezeichnete, so fand er nur neue Worte für ein altes Wissen.

Nach den Ägyptern kamen die Griechen. Auch sie versuchten, die Beobachtung des Sternenhimmels zum Erkennen des Schicksals heranzuziehen. Die große griechische Kultur gab der Astrologie, wie auch der gesamten abendländischen Kultur, ihre im Wesentlichen heute noch gültige Form. Sie befinden sich also, wenn Sie die Astrologie ernst nehmen, in bester Gesellschaft!

Die Geburtsastrologie

Die Griechen waren es, die erkannten, dass auch die unregelmäßigen Vorgänge am Sternenhimmel, die scheinbar „unberechenbaren" Bewegungen der Gestirne, die den Babyloniern als „Omen" gegolten hatten, bestimmten Gesetzmäßigkeiten gehorchten und daher vorausberechenbar waren. Von diesem Augenblick an verlor die Anschauung, dass die Götter den Menschen so ein Zeichen geben wollten, ihre Anhänger. Die alten Sterndeuter begannen, eine individuelle Geburtsastrologie zu entwickeln.

Wichtig für das Verständnis der modernen Astrologie wurde in diesem Zusammenhang ein Satz von Thomas von Aquin: *„Die Sterne machen geneigt, aber sie zwingen nicht!"* Diese Erkenntnis setzte sich in weiten Kreisen allmählich durch und findet auch heute immer mehr Anhänger. Damit wird für den einzelnen Menschen deutlich, welche Bedeutung das astrologische Wissen für ihn besitzt. Es hilft ihm, Anlagen, Neigungen, Begabungen oder Talente zu erkennen und zu fördern. Gleichzeitig kann ihn die Astrologie auf Schwächen, Gefährdungen oder problematische Neigungen hinweisen. Immer aber bleibt es in der Verantwortung des einzelnen Menschen, sein Leben selbst in die Hand zu nehmen!

Die Tierkreiszeichen im Laufe eines Jahres

Der **Widder**, das erste Zeichen im Tierkreis, steht für den drangvollen, stürmischen Beginn des Frühlings. Da mit der Frühlings-Tagundnachtgleiche etwas Neues beginnt, setzten die Astrologen der Antike den Widder an die erste Stelle im Tierkreis. Der Winter wird kraftvoll vertrieben. Alles kommt natürlich viel zu früh. Die Krokusse stecken schon ihre Köpfchen durch die Erde, wenn noch Schneeflocken durch die Luft wirbeln. Aber so ist es ja immer beim Widder. Er ist nicht zu bremsen, und schließlich überwindet er ja auch Schnee und Eis und verhilft dem Frühling zum Durchbruch.

Dann kommt der **Stier** und bringt den Frühling in voller Pracht zum Ausdruck. Der „Wonnemonat" Mai beginnt. Es ist eine Zeit der Sinnlichkeit und der Hingabe. Menschen vertrauen einander, sind gutmütiger als normal; aber sie sind auch stärker materiell ausgerichtet. Alles wird etwas gelassener und langsamer.

Als Letzte im Frühling treffen wir die **Zwillinge**. Mit ihnen geht der maienhafte Frühling und die Baumblüte setzt ein. Die Verästelungen bilden sich und alles wird komplizierter. Die Zwillinge bringen zum Wachstum aber auch Zergliederung und Oberflächlichkeit.

Der **Krebs** kommt mit der Sommersonnenwende. Der Sommer beginnt. Die Tage sind am längsten, die Nächte nur kurz. Die Wachstumskräfte treten nach außen und die Samenbildung beginnt. Die Empfindsamkeit und die Empfindlichkeit nehmen zu, aber auch die Empfänglichkeit und das Schwankende. All dies werden Sie beim Sternzeichen Krebs wiederfinden!

Den **Löwen** finden wir in der Mitte des Sommers. Die Früchte werden reif und die Sonne durchglüht die Erde. Es ist die heißeste Zeit des Jahres und die Natur erstrahlt in sommerlicher Fülle. Herzens- und Willensmenschen sind jetzt in ihrem Element. Alles strotzt vor Selbstbewusstsein, Großzügigkeit und überschäumender Lebenskraft.

Mit der **Jungfrau** geht der Sommer zur Neige. Der Himmel ist strahlend klar und blau. Die Erntezeit beginnt. Die Natur stellt sich auf den Anfang eines neuen Lebenszyklus ein. Jetzt geht es um das Ordnen, Sichten und Unterscheiden. Eine sachliche Einstellung ist wichtig, um die Ernte wohlbehalten einzubringen. Es ist von entscheidender Bedeutung, vorsichtig vorzugehen. Man darf nicht zu früh und nicht zu spät ernten. In diesem Geschehen kann eine gewisse Ängstlichkeit heranwachsen.

Mit der Waage beginnt der Herbst. Tage und Nächte sind gleich lang. Die Winterhälfte des Jahres hält ihren Einzug. Noch halten sich sommerliche Wärme und winterliche Kälte das Gleichgewicht, und noch immer ist der Himmel hell und freundlich. Die Waage bringt zudem eine wahre Blumenpracht mit sich. Die Sonnenuntergänge zeigen ein herrliches Lichtspiel, und das Streben nach Harmonie ist besonders ausgeprägt. Ein großer Schaffensdrang steht in Konflikt mit mangelnder Durchsetzungskraft. Dafür finden wir bei der Waage ein feines Anpassungsvermögen.

Der Skorpion ist der „Todesmonat". Er bringt steigende Morgen- und Abendnebel. Das letzte Laub fällt von den Bäumen. Der Skorpion hinterlässt kahle Bäume; aber dennoch zeigen sich an einigen Ästen bereits wieder zarte Knospen. Es ist eine Zeit des Sterbens und Werdens. Der Skorpion ist zäh und ausdauernd. Er bringt alle Dinge schnell auf den Punkt. Bei ihm finden sich offene Aggressivität und leidenschaftliche Hingabe sowie ein grüblerischer Erkenntnistrieb.

Mit dem Schützen neigt sich der Herbst dem Ende zu. Der Winter sendet seine Vorboten über das Land. Der Todesschlaf der Natur kündigt sich bereits an. Die Dämmerungen bringen eine gewisse Schwermütigkeit; aber die Vorweihnachtszeit schenkt etwas Licht. Die Felder sind kahl und verlassen, die Beete abgeerntet und die Gärten leer. Die Stimmung des Schützen ist jedoch voller Idealismus, und deshalb haben es wohltätige Veranstaltungen in der Adventszeit leichter! Religion und Sinnsuche streben ihrem Höhepunkt zu.

Der Steinbock bringt das Weihnachtsfest und die Wintersonnenwende. Die längsten Nächte des Jahres sind zu überstehen. Das Licht kämpft mit der Finsternis, um neu ins Leben zu treten. In der Natur herrscht völlige Lebensstarre. Die Welt ist von Eis und Schnee bedeckt. Die Luft ist schneidend und klirrend kalt. Der Steinbock kämpft sich jedoch mit unermüdlicher Beharrlichkeit durch. Wir finden zudem Entsagung, Konzentrationsfähigkeit und Sachlichkeit bei ihm, die allerdings mit Teilnahmslosigkeit und Hochmut einhergehen können.

Den **Wassermann** hat der Winter voll im Griff. Alles
Leben ist unter Schnee und Eis verborgen. Am Tage
kann die Wintersonne hell blenden, in der Nacht sind
die Sterne klar zu erkennen. Es ist die kälteste Zeit des
Jahres. Die weiße Schneedecke vermittelt ein Gefühl
von Freiheit und Unbegrenztheit. Dem Wassermann
sind gesellschaftliche Normen unwichtig; er lebt seinen totalen Freiheitstrieb.

Im Zeichen der **Fische** geht der Winter in den Frühling über. Die Fastenzeit beginnt und die Schnee-
schmelze setzt ein. Alles Erstarrte löst sich und alles
Tote wird zu neuem Leben erweckt. Der Erdboden
weicht auf und der menschliche Körper wird verwan-
delt. Im Zeichen der Fische kommt es auch zu den
meisten Todesfällen! Die Fische neigen zudem zu
einer Flucht aus der realen Welt. Unter den Fischen
finden wir allerdings auch viele Gemütsmenschen mit
echter Nächstenliebe.

Damit ist unsere kurze Wanderung durch die Tierkreiszeichen abgeschlossen und wir können uns jetzt
genauer mit dem zehnten Zeichen beschäftigen –
dem Steinbock.

Grundsätzliches über den Steinbock

KAPITEL 1

Der Steinbock im Tierkreis

Das Zeichen

Der Steinbock ist ein Erd-Zeichen. Er ist das zehnte Zeichen im Tierkreis und erstreckt sich im Kalenderjahr vom 22. Dezember bis zum 20. Januar.

Das Zeichen und der Planet

Dem Steinbock wird der Planet Saturn zugeordnet, benannt nach dem römischen Gott der Aussaat.

Das Zeichen, Edelsteine und Metalle

Dem Steinbock werden der Amethyst und der Türkis zugeordnet. Als Metall für den Steinbock gilt grundsätzlich das Blei, im Fall von Schmuck jedoch das Silber.

Das Zeichen und seine Farbe

Für den Steinbock sind eher dunkle, gedeckte Farbtöne charakteristisch. Er wird naturgemäß Schwarz, Dunkelgrün, Dunkelbraun und Grau bevorzugen.

Das Zeichen und seine Tiere

Dem Steinbock werden aus der Tierfamilie die Ziegen sowie alle Paarhufer zugeordnet. Es wird noch zu überprüfen sein, auf welche Weise manche Eigenarten dieser Tiere beim Sternzeichen Steinbock wiederzufinden sind.

Der standhafte Steinbock

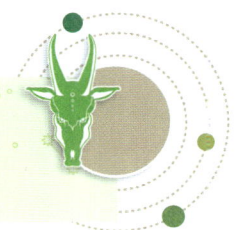

Alles geregelt

Mit dem Steinbock treffen wir auf ein Sternzeichen, das nicht gerade vor Spontanität und Einfallsreichtum übersprudelt. Vor der Kreativität ist beim Steinbock die strenge Regel gesetzt. Er wird immer danach trachten, gemäß dieser strengen Regeln zu leben.

Steinböcke benötigen diese festgelegten Strukturen, um Klarheit in ihr Leben zu bringen. Erst wenn sie diese gewonnen haben, können sie sich an die Arbeit machen.

Die Hüter der Ordnung

In der großen Tierkreisfamilie fällt den Steinböcken ein bestimmter Name zu – sie sind die „Hüter der Ordnung". Steinböcke wissen genau, wie **man** sich verhalten sollte und welche Regeln einzuhalten sind.

Zusätzlich vertreten sie strenge Maßstäbe, an denen alles gemessen wird und deren Gültigkeit sie einfach voraussetzen. Hier kann es zu einer gewissen Starrheit kommen.

Der Detailgetreue

Steinböcke lieben Details. Wobei man allerdings im eigentlichen Sinne nicht von Liebe sprechen kann, sondern eher von einer anerkannten Notwendigkeit.

Sie erachten es als unverzichtbare Notwendigkeit, auf die Details zu achten und die Spielregeln des Lebens (nach ihren Vorstellungen!) zu befolgen.

Für den Steinbock hängt der Bestand des Gemeinwesens davon ab, dass in dieser Hinsicht keine Versäumnisse geschehen. Sein Verständnis von Regeln und Gesetzen lässt keine willkürliche Umdeutung oder Auslegung zu. Hier ist er von eiserner Konsequenz.

Der Pflichtbewusste

Die entschiedene Betonung von Regeln, Gesetzen und Vorschriften lässt bereits erahnen, dass der Steinbock äußerst genau und gewissenhaft ist.

Steinböcke zählen zu den pflichtbewusstesten Wesen im Tierkreis. Sie sind außerordentlich genau im Ausführen ihrer Pflichten und Aufgaben und stets darauf bedacht, ja nicht das kleinste Detail zu vernachlässigen. Diese Genauigkeit prädestiniert den Steinbock zu Arbeiten, bei denen es auf große Sorgfalt und das Beachten sämtlicher Einzelheiten geht.

Der direkte Steinbock

Steinböcke reden selten um das Wesentliche herum. Sie verfügen über einen scharfen Blick und können in kurzer Zeit das Wichtige vom Unwichtigen unterscheiden. Sie zeichnen sich nicht durch ein Wesen aus, das mit vielen Schnörkeln versehen ist. Ganz im Gegenteil. Steinböcke zählen zu den direktesten Menschen im Tierkreis. Sie gehen mit offenem Visier vor und halten mit ihrer Meinung nicht hinter dem Berg.

Die Art des Steinbocks muss nicht jedermann liegen. Durch seine offene Art und das direkte Vorgehen, ohne Verzierungen oder Verschleierungen, tritt er nicht selten ins Fettnäpfchen. Wer immer äußerst direkt und unverblümt seine Meinung sagt, zählt meistens nicht zu den Beliebtesten.

Der gesunde Humor

Steinböcke sind nicht gerade die Spaßmacher des Tierkreises, dazu gibt es zu viele statische Elemente in ihrem Wesen, doch kann man sie auch nicht als humorlose Gesellen abschreiben. Der Steinbock verfügt über eine gesunde Art von Humor. Sie wird nicht dazu führen, dass man sich mit ihm vor Lachen über den Boden wälzt, aber sie kann eine Situation durchaus von ihrer heiteren Seite betrachten lassen. Der Steinbock-Humor ist eher von der verhaltenen als von der ausgelassenen Art; aber er ist zweifellos vorhanden!

Der verlässliche Steinbock

Steinböcke strahlen eine beeindruckende Ruhe aus und wirken nicht selten wie der Fels in der Brandung. In Krisenzeiten können Sie sich auf den Steinbock bedingungslos verlassen. Er steht an Ihrer Seite, wenn Not am Mann (oder an der Frau) ist.

Steinböcke zählen zu den wirklich hilfsbereiten Nachbarn, die immer den richtigen Schraubenschlüssel besitzen, deren Rasenmäher nie kaputtzugehen scheint und die notfalls sogar den abgestürzten Computer wieder zum Laufen bringen.

Es kann nie schaden, zumindest einen Steinbock in seiner näheren Umgebung zu wissen. Schließlich gibt es immer mal wieder die kleinen Notfälle des Alltags.

Der grüblerische Steinbock

Der Steinbock ist eines gewiss nicht, der Luftikus, der leichtfüßig durch das Leben springt. Steinböcke neigen eher zu einer gewissen Introvertiertheit, zum Grüblerischen und zum langen Nachsinnen.

Steinböcke sind absolut beständig und von großer Bodenhaftung. Veränderungen in ihrem Leben nehmen sie nur mit großem Umstand vor. Da bedarf es einigen Nachsinnens und grüblerischer Reflexion, bevor sie eine Entscheidung treffen, die vielleicht nur von mittlerer Tragweite ist. Sie sind nun einmal keine leichtlebigen Geschöpfe, sondern prüfen alles sehr genau und in allen Einzelheiten. Dann allerdings stehen sie auch zu ihren Entscheidungen.

Entscheidungen fürs Leben

Die sorgfältige Prüfungsphase vor wichtigen Entscheidungen ist für den Steinbock auch deshalb von großer Bedeutung, weil er dazu neigt, Entscheidungen mit einem gewissen unwiderruflichen Charakter zu fällen. Er prüft, überlegt, wägt ab, zögert noch einmal kurz und entscheidet dann, möglichst für immer. Es kommt nur selten vor, dass ein Steinbock in wichtigen Fragen nach einiger Zeit seine Entscheidungen revidieren muss.

Die Fleißigen

Steinböcke zählen zu den ausgesprochenen Arbeits-
tieren im Tierkreis. Sie sind überaus fleißig und emsig
und arbeiten an ihren Projekten oder der Erfüllung
ihrer Wünsche mit großer Gründlichkeit und beharrli-
cher Ausdauer.

Steinböcke sind zudem meist sehr nüchterne Menschen, die sich durch eine sehr praktische Veranlagung
auszeichnen. Sie neigen nicht dazu, in Fantasien zu
schwelgen oder irgendwelchen Utopien nachzujagen,
die keinen Bestand haben. Ihre Analysen bauen auf
Fakten auf, die einer kritischen Überprüfung standhal-
ten.

Die Zurückhaltenden

In vielen Fällen wirken Steinböcke sehr gehalten oder
auch verhalten in ihrem Wesen. Sie sind nun einmal
keinen stürmischen Draufgänger, wie etwa die Widder,
oder Ideenjäger wie die luftigen Zwillinge. Sie sind bodenständig und zurückhaltend.

Ein Steinbock steht da, wo er steht; und dort ver-
richtet er die Arbeit, die getan werden muss. Mehr gibt
es dazu nicht zu sagen. Meint zumindest der Steinbock!

Der Realist

Steinböcke sind selten ausgeprägte Individualisten
oder verstiegene Einzelgänger. Sie passen sich in der
Regel gut an und integrieren sich in Gemeinschaften

oder Arbeitsteams. Sie müssen auch innerhalb einer Gruppe nicht den Ton angeben. Entscheidend bleibt für sie, dass alles Geschehende übersichtlich und klar bleibt. Dann sind sie zufrieden.

Steinböcke werden selten von unerfüllten Wünschen oder verborgenen Sehnsüchten getrieben. Sie sind Realisten und mit der überschaubaren und kontrollierbaren Wirklichkeit in der Regel zufrieden.

Die fehlende Impulsivität

Ein spontanes, impulsives Handeln wird man beim Steinbock in den allermeisten Fällen vergeblich erwarten. Sie werden genauso handeln, wie sie es sich vorher überlegt haben. Steinböcke wissen stets genau, was sie tun oder zu tun gedenken. Schließlich haben sie es sich entschieden vorgenommen und aufs Genaueste überlegt. Da bleibt kein Platz für Impulsivität.

Sicherheit wird großgeschrieben

Steinböcke zählen zu den sehr aufrichtigen Menschen, die sich kaum eine Maske zulegen und selten oder nie hinter Ihrem Rücken agieren werden. Sie treten Ihnen aufrecht und geradeheraus gegenüber.

Wenn es jedoch zum Thema Sicherheit kommt, zählen die Steinböcke zu den Bedürftigsten des Tierkreises. Ohne Sicherheiten können Steinböcke praktisch nicht leben. Dieses übergroße Sicherheitsbedürfnis äußert sich in vielerlei Ausprägungen. So wird das Sparbuch eines Steinbocks immer einen Notgroschen aufweisen, wahrscheinlich sogar eher zwei oder drei. Sein Arbeitsplatz

wird möglicherweise todlangweilig sein, aber mit
Sicherheit ist er krisenfest. Konjunkturschwankungen
werden einen Steinbock nicht aufs Arbeitsamt treiben.

Der Steinbock und seine Mitmenschen

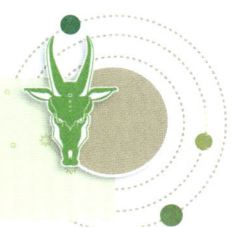

Der Helfer in der Not

Steinböcke sind treue Freunde, zuverlässige Nachbarn
und anständige Kollegen. Sie sind zur Stelle, wenn
Not herrscht oder sich ein unerwarteter Schicksals-
schlag ereignet hat. Dabei kann man nicht von einem
überschwänglichen Mitgefühl seitens des Steinbocks
sprechen, sondern von einem typischen Wesenszug.
Er hilft, so wie er es auch erwartet, dass man ihm im
umgekehrten Fall zu Hilfe eilt.

Der nachtragende Steinbock

Ein Steinbock mag über noch so viele Gipfel geklettert
oder über Bergeshöhen gesprungen sein; wenn Sie ihn
einmal gekränkt haben, wird er sich auch nach langer
Zeit noch daran erinnern.

Steinböcke können nur schwer verzeihen und man
sollte es sich gut überlegen, wenn man einen Steinbock an der Nase herumzuführen sucht. Dies könnte
sich als kaum wiedergutzumachender Fehler herausstellen.

Die Verbissenheit

Es kommt nicht von ungefähr, dass man immer wieder von den verbissenen Steinböcken spricht. Dies bezieht sich nicht nur auf ihre Zähigkeit und Beharrlichkeit. Es darf nicht vergessen werden, dass für sie das Leben keine Insel der Seligen darstellt. Steinböcke tollen nicht unbeschwert durch das Leben, sie müssen es verstehen und bewältigen. Das ist ein hartes Stück Arbeit!

Steinböcke sind viel zu beschäftigt, alle Details des menschlichen Daseins zu begreifen und in diesem Tollhaus Erdenleben Ordnung zu schaffen. Wo soll da noch die Leichtigkeit herkommen?

Die Furcht vor dem Chaos

Die schlimmsten Vorstellungen des Steinbocks hängen mit dem Zusammenbruch seiner „heiligen Ordnung" zusammen. Laufen Dinge im Leben eines Steinbocks anders als erwartet, kann ihm dies schwer im Magen liegen. Es beeinträchtigt zumindest erheblich seine Stimmungslage. Für andere mag die Lage noch rosig aussehen, der Steinbock jedoch wittert bereits das Chaos. Das Unheil braut sich über ihm zusammen, denn er kann die Zusammenhänge der unerwarteten Entwicklungen nicht mehr überschauen. Jetzt droht die Gefahr, von ihnen überrollt zu werden. Ein wahres Horror-Szenario für einen Steinbock!

Das gute Herz

Steinböcke sind in den meisten Fällen Menschen mit einer rauen Schale. Man sollte allerdings nie vergessen, dass darunter ein gutes Herz schlägt. Meistens wird es erst auf den zweiten Blick oder in Notsituationen sichtbar; aber es war die ganze Zeit vorhanden. Gerade beim Steinbock gilt es daher, ein wenig genauer und tiefer hinzuschauen.

Die Spätzünder

Aufgrund der fehlenden Impulsivität und Spontanität zählen die Steinböcke zu den Spätzündern im Tierkreis. Sie vertragen es zudem nicht, wenn man sie hetzt. Sie benötigen ihre eigene Tempovorgabe, ausreichend Zeit sowie Ruhe und Muße, um sich richtig entfalten zu können.

Diplomatie ist nicht ihre Stärke

Steinböcke sind schnell mit einem offenen und direkten Wort bei der Sache. Manchmal sind sie geradezu schockierend unverblümt. Da wird einem Freund gehörig die Meinung gegeigt, wobei sämtliche Regeln der Diplomatie ohne zu zögern vernachlässigt werden.

In so einem Fall ist es wichtig, nicht zu vergessen, dass der Steinbock nicht verletzen will. Er will nur die Dinge ins richtige Licht rücken; und nach seiner Meinung gehören dazu auch die offenen Worte.

Es kann geradezu so sein, dass diese schroffe Direktheit ein Zeichen der Wertschätzung seitens des

Steinbocks ausdrückt. Es liegt ihm offensichtlich etwas an diesem Menschen, den er gerade vor den Kopf stößt. Vielleicht möchte er ihn nur, auf seine Art, vor einer großen Dummheit bewahren.

Die Oberlehrer

Steinböcke sind schlicht und ergreifend die Oberlehrer des Tierkreises. Sie lehren und belehren ihr Leben lang. Zumeist geschieht es aus dem Beweggrund heraus, andere wieder in die „große Ordnung" zurückzuführen, so wie sie sich diese vorstellen.

Steinböcke sorgen sich ständig um die Chaoten des Tierkreises. Diese möchten sie einfach vor dem Schlimmsten bewahren, zumal dieses „Schlimmste" dann natürlich auch sie betreffen würde. So ist Anteilnahme immer auch ein wenig mit Eigennutz gemischt.

Aufrichtigkeit

Steinböcke werden bevorzugt die Nähe von Menschen suchen, von deren aufrechtem Charakter sie überzeugt sind. Wichtig ist für sie dabei vor allem, dass man sich mit Offenheit und Aufrichtigkeit begegnet.

Wenn ein Steinbock bemerkt, dass er hinters Licht geführt wurde, wird er die betreffende Person schnell aus seinem Gesichtskreis verbannen.

Die Verkörperung der Disziplin

Wenn ein Wort zu nennen wäre, das bei Steinböcken ganz großgeschrieben wird, so würde es Disziplin

lauten. Man darf niemals vergessen, dass Steinböcke sich selbst einer eisernen Disziplin unterwerfen,
aus der heraus sie ihr Leben gestalten und auf deren
Grundlage sie auch anderen Menschen begegnen.

Die verborgene Tiefe

Steinböcke sind vom Wesen her verschlossen und alles
andere als überschwänglich. Sie gehen nicht mit ihren
Gefühlen hausieren, was aber nicht zu der Annahme
verleiten darf, sie würden über keine tiefen Gefühle
verfügen. Das Gegenteil ist der Fall, aber der Steinbock
wird seine intensive Gefühlswelt nur in seltenen Fällen nach außen tragen.

Wie lebt man mit einem Steinbock?

Einer gibt den Ton

Steinböcke weichen nicht von der Stelle. Wo sie stehen,
da stehen sie fest. Sie versuchen aber zugleich, dort
auch ihr Bestes zu geben. Lebt man mit einem Steinbock, so wird man sich daran gewöhnen müssen, dass
er von seiner festen Position aus gerne den Ton angibt.
Dies geschieht im Allgemeinen nicht aus einer Domi-
nanz oder Machtbesessenheit heraus, sondern eher auf
der Grundlage eines ausgeprägten Pflichtbewusstseins.

Steinböcke sind außerdem der Auffassung, dass sie besser als andere in der Lage sind, für die materielle Sicherheit zu sorgen oder diese, wenn sie bereits vorhanden ist, langfristig abzusichern. Dieses Sicherheitsbedürfnis wird die Beziehung mit einem Steinbock vom ersten Tag an entscheidend prägen.

Pünktlichkeit

Steinböcke bestehen auf Pünktlichkeit, bis hin zur Pedanterie. Das Mittagessen wird um 12 Uhr eingenommen und auf keinen Fall um 12:10 Uhr. Wer sich nicht daran hält, wird sich den nicht unerheblichen Ärger des Steinbocks einhandeln.

Er erwartet, dass die Regeln des Gemeinschaftslebens, an denen er natürlich entscheidenden Anteil hat, konsequent eingehalten werden. Schließlich sind diese, zumindest für Steinböcke, die Stützpfeiler, auf denen das Leben aufgebaut wird.

Die fehlende Leichtigkeit

Beziehungen mit Steinböcken können sich manchmal etwas zäh gestalten. Sie sind wahrlich nicht leicht im Umgang, und ihre Freunde, Partner oder Mitmenschen müssen sich häufig selbst an den gesunden und freundlichen Kern des Steinbocks erinnern, wenn sie wieder einmal in eine jener endlosen Diskussionen über gut und schlecht, falsch oder richtig verstrickt sind. Hier wäre ein wenig Leichtigkeit seitens des Steinbocks wirklich segensreich.

Das riesige Programm

Steinböcke haben ständig ein riesiges Pensum zu bewältigen. Sie nehmen sich gerne zu viel vor, denn es gibt eine Fülle von Dingen im Leben eines Steinbocks, die erledigt werden muss.

Da Steinböcke große Probleme haben, wirklich zu entspannen, muss man(n)/frau schon eine Menge Raffinesse aufwenden, um sie einmal dazu zu bewegen, wirklich dem faulen Leben zu frönen. Mit Sicherheit wird das kein leichtes Unterfangen!

Steinböcke trauen dem Glück nur selten und können auf der Grundlage dieser eher skeptischen Einstellung einfach das Leben nicht genießen.

Zeit ist Geld

Steinböcke verschwenden keine Zeit mit lockerem Geplänkel und belanglosem Geplauder über Gott und die Welt. Sie wollen ihre Zeit fruchtbar und sinnvoll bewegen; denn Zeit ist Geld für den sparsamen Steinbock. Zeit heißt für den Steinbock zumeist Arbeit.

Spontane Aktionen sind nicht die Sache der Steinböcke. Sie planen gründlich, damit nichts schiefgeht, weder die Investition noch die Reise, weder die Beziehung noch der Autokauf. Fakten sammeln, überprüfen und dann rational entscheiden!

Der Dickkopf

Steinböcken wird nachgesagt – nicht nur von bösen Zungen – sie seien im besonderen Maße stur und dickköpfig. In der Tat lässt sich dies nicht ganz leugnen. Vor allem im Zusammenleben zeigen sich diese beiden nicht so überaus liebenswerten Eigenschaften ganz besonders dramatisch. Wenn ein Steinbock sich nämlich einmal für etwas entschieden hat, dann bleibt das auch so. Hier zwei Beispiele:

- ♑ Wenn das Sofa einmal unter das Fenster gestellt wurde, dann bleibt es da stehen. Denn der Steinbock hat den Standpunkt eingenommen, dass dies der richtige Platz ist.
- ♑ Der Urlaub wird, wie jedes Jahr, in Italien verbracht. Da kennt er schon das Hotel, da weiß er, wie es aussieht, und da kann er einen genauen Preis-Leistungs-Nachweis erstellen.

Man sieht also, ein Steinbock bietet Beständigkeit. Allerdings muss der Partner es mögen, sonst wird es sehr problematisch!

Wie's drinnen aussieht, geht niemand was an

Steinböcke zählen auch zu den verschlossensten Charakteren im Tierkreis. Wenn es um ihr Gefühlsleben geht, ziehen sie Mauern bis zur Nasenspitze hoch. Sie reden einfach nicht darüber, wie es in ihnen aussieht und wie ihr Gefühlsleben beschaffen ist. Natürlich löst das erhebliche Irritationen und

Unverständnis aus, denn man weiß einfach nicht, was wirklich in ihnen vorgeht.

Steinböcke hüten sich auch, ihre geheimen Wünsche und Hoffnungen auszusprechen, was nicht selten eine erhebliche Distanz zu anderen Menschen erzeugt, da sie den Eindruck von Unnahbarkeit erwecken.

Qualität zählt

Solide, wie der Steinbock von seinem Wesen her ist, sind auch die Dinge, mit denen er sich umgibt. Seine Einrichtung wird dies widerspiegeln und Firlefanz oder neckische kleine Accessoires wird man bei ihm vergeblich suchen. Er spart im Zweifelsfall lieber länger auf ein „gutes Stück", als vorschnell etwas zu kaufen, nur weil die Farbe so nett ausschaut.

Neues kritisch prüfen

Steinböcke werden durch ihre Lebenserfahrungen nachhaltig geprägt. Die wirkliche Realität des täglichen Lebens, das materielle Dasein, ist ihre entscheidende Grundlage. Aus ihr ziehen sie ihre Schlüsse und werden selten eine Erfahrung vergessen, vor allem nicht, wenn sie negativ war.

Neues werden Steinböcke selten mit Begeisterung begrüßen, sondern eher mit einem skeptischen Blick. Sie stehen kritisch davor und werden überlegen und prüfen. Dann werden sie alle Möglichkeiten abwägen, welche die Auseinandersetzung mit diesem Neuen ihnen bietet. Erst dann werden sie Schritte unternehmen, aber niemals voreilig und ohne Absicherung.

Die Sparsamen

Steinböcke sind dem Luxus durchaus nicht abgeneigt, haben aber immer genügend Zeit, um darauf zu warten. Durch ihre ausgeprägte Sparsamkeit dauert dies in der Regel weniger lang als bei anderen Mitgliedern der Tierkreisfamilie.

Wenn dann das neue Eigenheim steht, wird es allerdings mit gebührendem Stolz der Freundesschar präsentiert. Hier wird dann auch die gebührende Bewunderung erwartet.

Steinböcke sind keine Verschwender. Sie haben alles im Griff, auch die Geldbörse, und halten ihre Liebsten auch dazu an, es ihnen gleichzutun. Dabei können dann allerdings im Steinbock-Haus die Lebensfreude und Spontanität auf der Strecke bleiben.

Die Hörner des Steinbocks

Der etwas dickköpfige und introvertierte Steinbock kann mitunter, manchmal zur Überraschung seiner Umwelt, ausgesprochen heftig, fast explosiv reagieren. Das kann durchaus von scheinbar harmlosen Umständen verursacht werden, wie etwa einer Party, die den ganzen Abend mit losem Gerede gestaltet wurde. Noch schlimmer wird es, wenn er sich hintergangen beziehungsweise betrogen fühlt oder wenn man ihn gar hetzen will. Dann wird der Steinbock zum Angriff übergehen; und dies wird sich äußerst geräuschvoll vollziehen und mit einem erheblichen Einsatz seiner Hörner. Hier kann mancher sein „blaues Wunder" erleben!

Der Steinbock und sein Lebensstil

Zuerst kommt die Pflicht

Auch in seiner Lebensphilosophie stellt der Steinbock die Pflicht an die erste Stelle. Es gibt für ihn unantastbare Regeln, die einfach eingehalten werden müssen. Wenn der Abwasch in Angriff zu nehmen ist, dann wird dies getan, egal ob draußen das herrlichste Badewetter herrscht. Die Pflicht steht über allem, und über dem Vergnügen allemal.

> *Ein im Zeichen des Steinbocks Geborener ist nun einmal ein Mensch, der von der Disziplin geprägt wird.*

Erst die Arbeit und dann kein Vergnügen

Wenn es so manches Mitglied der Tierkreisfamilie gibt, das gerne einmal „die Seele baumeln" lässt, so wird sich darunter kaum ein Steinbock befinden. Erst kommt die Arbeit, und dann noch lange nicht das Vergnügen. Ganz im Gegenteil, der Steinbock wird den „Vergnügungssüchtigen" noch Faulheit nachsagen und sie dafür verurteilen.

Arbeit steht an erster Stelle und beim Steinbock kann man noch nicht einmal sagen, dass die Ausnahme hier die Regel bestimmen würde. Es fehlt einfach an der „Leichtigkeit des Seins"!

Der verbissene Tatendrang

Steinböcke sind außerordentlich zähe Wesen. Verbissen und unermüdlich erklimmen sie die steilsten Wände. Sie haben enorme Energien zur Verfügung und können ihren Tagesablauf bis ins kleinste Detail planen und restlos mit Arbeit vollstopfen.

Erst im fortgeschrittenen Alter neigen Steinböcke dazu, eine gewisse Trägheit zu entfalten.

Der Gesellschafts-Steinbock

Es ist nicht so, dass Steinböcke die Gesellschaft von Menschen grundsätzlich meiden, sie sind nur äußerst wählerisch. Wenn sie eine Party besuchen, essen sie durchaus gerne gut und viel, aber sie werden jeglichen Gesellschafts-Small-Talk verabscheuen. Seichtes Geplauder und ausgelassenes Treiben ist wahrlich nicht ihr Metier. Sie werden immer versuchen, den Abend in sachliche, konstruktive und überprüfbare Bahnen zu lenken.

Der Unersetzliche

Ein Steinbock hat nicht selten einen stark überzogenen Eigendünkel. Steinböcke halten sich manchmal für geradezu unersetzlich. Sie möchten den Rahmen vorgeben, innerhalb dessen sich alles abspielt, und nur sie kennen die gesellschaftlichen Spielregeln, nach denen sich alles bewegt.

Die Skeptiker

Steinböcke zählen zu den ganz argwöhnischen Charakteren und gelten als die großen Skeptiker des Tierkreises. Das Außergewöhnliche wird von ihnen zuerst einmal bezweifelt, selbst dann noch, wenn es ihnen selbst widerfährt.

Auch den sogenannten Glückskindern des Lebens stehen sie mit Argwohn und Skepsis gegenüber, so als erwarteten sie, dass sich deren unverdientes (in ihren Augen!) Glück vor ihren Augen wieder in nichts auflöse. Sie sind ein bisschen irritiert, wenn es nicht geschieht, denn nach ihrer Überzeugung erringt man bleibenden Lohn nur durch ganz harte Arbeit.

Der Ordentliche

Wenn Sie eine große Party geben, sollten Sie darauf achten, dass unter den letzten Gästen noch ein Steinbock verbleibt; denn sie sind die Pflichtbewussten, die nach der wilden Feier noch zu den späten Aufräumern gehören. Sie werden darauf achten, dass alles wieder an seinen angestammten Platz zurückfindet.

Auch wenn dem Steinbock vor Müdigkeit fast schon die Augen zufallen, wird er nicht eher Ruhe geben, als bis das letzte Weinglas wieder fein säuberlich eingeordnet im Schrank steht.

 So etwas ist natürlich für einen Gastgeber ein besonderes Geschenk!

Der Steinbock
im Beruf

KAPITEL 2

Die Arbeitsbienen

Steinböcke zählen zu den fleißigsten und besten Arbeitern des Tierkreises. Sie sind emsig und unermüdlich bemüht, ihr Tagwerk zu verrichten und ihre täglichen Pflichten gewissenhaft zu erfüllen. Auf sie kann man sich uneingeschränkt verlassen.

Die Erfolgsleiter hinauf

Steinböcke werden sich niemals auf die „faule Haut" legen. Sie sind von einem ausgeprägten Ehrgeiz getrieben und werden sich stets gewaltig anstrengen, um aus eigener Kraft auf der Leiter des Erfolges eine Sprosse nach oben zu nehmen.

Steinböcke benötigen daher kaum eine besondere Motivation, um sich anzustrengen. Diese Qualität gehört zu ihrer Natur.

Die finanzielle Motivation

Wenn es noch eines besonderen Anreizes für den Steinbock bedarf, so kann dieser auf dem finanziellen Sektor liegen. Eine stabile finanzielle Grundlage ist für Steinböcke meist Antrieb genug, um zu schuften wie ein Berserker.

Ohne ausgeprägte finanzielle Sicherheit können Steinböcke nur schwer leben. Sie werden daher ihre ganze Kraft dafür einsetzen, um eine angesehene Stellung zu erreichen, die ihnen finanzielle Stabilität gewährleistet.

Präzise wie ein Uhrwerk

Steinböcke sind wahre Detailarbeiter, die mit Präzision ihre Aufgaben erledigen und alles daran setzen, keine Fehler zu machen. Sie gleichen in ihrer Präzision und Genauigkeit einem Schweizer Uhrwerk.

Sie gehen bei ihrer Arbeit ohne Hast vor, wie dies auch ein Schweizer Uhrmacher tun würde. Sie bleiben aber an einer Sache dran, bis sie zu einem guten Ende geführt wird. Diese Beharrlichkeit zeichnet sie im Berufsleben wirklich aus.

Verantwortung und Sachkenntnis

Da Steinböcke ohnehin mit großer Gewissenhaftigkeit an alle Pflichten herangehen, die sie übernommen haben, ist es für sie selbstverständlich, auch die Verantwortung für alles zu übernehmen. Wer außer ihnen, so fragen sie sich, sollte es denn auch sonst tun. Sie verfügen nun einmal über das größte Verantwortungsgefühl.

Neben Gewissenhaftigkeit, Pflichtbewusstsein und Verantwortungsgefühl zeichnet sich der Steinbock aber auch durch eine immense Sachkenntnis aus. Er glänzt nicht nur mit einem brillanten Halbwissen, sondern er besitzt wirklich fundierte Sachkenntnis, schon allein deswegen, damit ihm niemand auf seinem Sachgebiet etwas vormachen kann.

Die Karriere am Reißbrett

Steinböcke machen keine Blitzkarriere. Dazu sind sie einfach nicht die geeigneten Typen. Sie werden ihre Karriere am Reißbrett planen, Schritt für Schritt, Zug um Zug. So werden sie sich ganz allmählich dem angestrebten Ziel entgegenarbeiten, das sie keinen Augenblick aus dem Visier gelassen haben.

 So etwas nennt man Zielstrebigkeit!

Keine Glücksritter

Steinböcke haben keine Tendenz zum Glücksritter. Schon allein deswegen nicht, weil sie dem Glück prinzipiell misstrauen. Es ist unwägbar, nicht messbar und völlig unvorhersehbar. Drei Aspekte, die jeder Steinbock mit höchstem Misstrauen betrachtet.

Stattdessen werden sie sich hart erarbeiten, was anderen anscheinend mühelos in den Schoß fällt. Nur auf der Grundlage dieses Lebensstils kann der Steinbock wirklich an sich und seine Kraft glauben.

Immer an sich arbeiten

Es ist nicht vorstellbar, dass ein Steinbock einmal aufgibt. Er ist immer noch zu einer kleinen zusätzlichen Anstrengung in der Lage und allzeit bereit, sich neue Fähigkeiten anzueignen. Ein Steinbock schafft es scheinbar mühelos, nach einem anstrengenden Arbeitstag noch das Abendgymnasium zu besuchen oder irgendein anderes Fortbildungsangebot wahrzunehmen.

Wenn es um Ausdauer, Fleiß und Beharrlichkeit geht, reicht so schnell kein anderes Tierkreiszeichen an den Steinbock heran.

Keine Tricks

Ein Steinbock tritt mit offenem Visier an und arbeitet völlig ohne doppelten Boden. Was andere mit Cleverness und Tricks erreichen, geht der Steinbock mit Planung und Verstand an. Er wird kein unnötiges Risiko in Kauf nehmen, sondern schon vorher alle Unwägbarkeiten zu beseitigen trachten. Daher wird er vielfach grüblerisch alles Für und Wider eines Projektes abwägen, bevor er eine Entscheidung trifft.

Die Tüftler

Nach dem beliebten Motto „Dem Ingeniör ist nichts zu schwör" zählen die Steinböcke zu den ausgesprochenen Tüftlern des Tierkreises. Sie werden nicht eher Ruhe geben, als bis sie ein Problem wirklich vollständig und in allen Einzelheiten gelöst haben. Dabei spielt es keine Rolle, ob es sich um eine Problemstellung handelt, die mit den Händen, oder um eine, die mit dem Kopf zu lösen ist.

Der Gradlinige

Der Steinbock wird stets den direkten Weg zum Gipfel anstreben. Er vermag dafür seine Energie optimal einzusetzen, sodass er keine wertvollen Kräfte unterwegs vergeuden wird.

Allerdings legt der Steinbock diese Maßstäbe auch bei anderen an und dabei stößt er nicht nur auf Freunde. Er wird vielmehr auf Freunde und Kollegen stoßen, bei denen er mit seiner Vorgehensweise absolut auf Granit beißt. Hier sollte ein Steinbock achtsam sein, sich nicht ein paar Zähne auszubeißen!

Abneigungen

Nur keine Hektik

Das Schlimmste, was einem Steinbock widerfahren kann, ist aufgezwungene Hektik. Hier wird er entweder ausgesprochen ungemütlich oder, was wahrscheinlicher ist, er schaltet auf stur und lässt sich nicht darauf ein. Schließlich ist sein Tempo das beste überhaupt, und er ist noch immer ans Ziel gekommen. Wozu also die unnatürliche Eile!?

Für einen Widder oder einen Schützen stellt dieses Verhalten natürlich eine echte Herausforderung dar!

Die Stillen im Hintergrund

Mag sich der Löwe in den Vordergrund stellen und mit all seinen Fähigkeiten präsentieren, so wird der Steinbock, der eindeutig zu den introvertierten Sternzeichen zählt, eher im Hintergrund bleiben. Er hasst es, große Reden zu schwingen und sich ins Scheinwerferlicht zu rücken. Er wird nur dann wirklich das

Wort ergreifen, wenn er von einer Sache vollständig überzeugt ist und es als notwendig erachtet, anderen diese Überzeugung auch nahezubringen. Ansonsten wird er das Schweigen im Walde vorziehen.

Keine Utopien

Der Steinbock ist extrem bodenständig und ein ausgesprochener Realist und Rationalist. Er lehnt Luftschlösser und Fantasien entschieden ab und nichts und niemand wird ihn dazu bewegen können, sich mit diesen Utopien auseinanderzusetzen. Im äußersten Fall lässt er sich zu einem vernichtenden Verriss herab. Für die idealistischen und träumerischen Sternzeichen ist diese Einstellung natürlich ein riesiges Problem!

Keine Diplomatie

Halbwahrheiten oder absichtlich unklar gehaltene Aussagen sind dem Steinbock zutiefst zuwider. Er ist einfach, direkt und gradlinig. Er möchte auf keinen Fall mit diplomatischem Geplänkel oder Spitzfindigkeiten konfrontiert werden. Ein Steinbock erwartet auch von seinem Gegenüber diese klare Linie, denn alles andere stößt auf sein Unverständnis und Psychologie zählt nicht gerade zu seinen starken Seiten.

Nicht aus der Rolle fallen

Es kommt ausgesprochen selten vor, dass Steinböcke, die sich in der Regel immer unter Kontrolle haben, aus der Rolle fallen. Sie hassen es daher auch, wenn

andere aus ihrer ihnen zugedachten Reihe tanzen. In diesem Fall kann der Steinbock dann schon sehr deutlich werden und sein Missfallen zum Ausdruck bringen. Es zeigen sich in solchen Situationen beim Steinbock Züge eines Schulmeisters, die etwas Oberlehrerhaftes ausstrahlen. Nicht gerade zum Vergnügen jener, die ihr eigenes Rollenverständnis entwickeln.

Konventionell bis reaktionär

Neuen Ideen stehen Steinböcke wahrlich nicht aufgeschlossen gegenüber. Sie sind die konventionellen Arbeiter, die sich am Althergebrachten orientieren. Im Extremfall können sie sogar ausgesprochen reaktionäre Züge entfalten. Grundsätzlich aber hält der Steinbock im Beruf an den erprobten Arbeitsmaßnahmen fest. Sie haben sich bewährt, warum sollte er sie ändern!?

Eigener Herd ist Goldes Wert

Für den beständigen, Aufregungen nicht sehr zugeneigten Steinbock ist ein unruhiges Leben mit vielen Geschäftsreisen so ziemlich das Letzte, dem er zugeneigt ist. Er kann zwar das notwendige Übel einsehen, sich einige Male im Jahr auf die unumgänglichen Fahrten zu begeben, aber mehr muss es dann wirklich nicht sein.

Ein Steinbock ist weitaus mehr an der Lebensführung oder Berufsgestaltung interessiert, die ihn am Abend in die eigenen vier Wände zurückkehren lässt. Vor allem wenn sie so hart erarbeitet wurden!

Vorgesetzte und Mitarbeiter

Eine Perle der Firma

Von wenigen Ausnahmen abgesehen, gelten Steinböcke als die Perlen der Firma. Jeder Chef freut sich normalerweise über einen neuen Steinbock-Mitarbeiter, denn er geht nicht nur mit einem enormen Arbeitseifer ans Werk, sondern er wird auch keinerlei Schwierigkeiten haben, sich anzupassen.

Steinböcke sind die idealen Besetzungen für Arbeitsteams, die gut eingespielt sind und nach klaren, logischen Prinzipien arbeiten.

Das Vorbild

Die einzige Problematik, die sich für den gradlinigen und schnörkellosen Steinbock-Mitarbeiter in der Firma ergibt, liegt darin, dass er dem Kollegen X oder der Kollegin Y am Dienstag wieder einmal eine ordentliche Standpauke hält, weil er oder sie das Wochenende durch Montagskopfschmerzen verlängert hat.

Einem Steinbock geht es in dieser Situation gar nicht um die Mehrarbeit auf seinem Schreibtisch, sondern um das Prinzip. So geht es einfach nicht! Wo käme die Firma denn hin, wenn sich jeder so verhalten würde.

In der Sache hat der Steinbock durchaus recht; aber in vielen Situationen macht auch der Ton die Musik. Und hier trifft er nicht immer die richtige Tonlage.

Die freundlichen Kollegen

Abgesehen von der Moralfrage (etwa bei der Diens-
tags-Standpauke) sind Steinböcke sehr freundliche
Kollegen. Sie wissen zwar sehr genau, was sie wollen,
gehen aber niemals rücksichtslos vor, um diese Ziele
umzusetzen.

Schwierigkeiten bekommen sie nur mit Kollegen
oder Kolleginnen, die zu viele abstruse Ideen pro-
duzieren oder eine Neigung zum Überflieger haben.
Solchen Menschen gegenüber reagieren Steinböcke
ausgesprochen argwöhnisch. Leider verschließen sie
sich damit auch gegenüber manchen genialen Ideen,
was besonders bedauerlich ist, denn der Steinbock
wäre in der Lage, wenn er von dem neuen Gedanken-
gut erst einmal überzeugt ist, es auch in die Realität
umzusetzen.

Der gute Chef

Steinböcke sind auf dem Chefsessel in der Regel
sehr beliebt. Sie entwickeln keinen diktatorischen
Führungsstil, sondern leiten den Betrieb mit Sachkenntnis und Sachlichkeit. Sie werden aufgrund ihrer
unbestrittenen Führungsqualität mühelos in ihrer
Position anerkannt.

Da Steinbock-Chefs sich auch fürsorglich um ihre
Mitarbeiter kümmern – es sei denn sie sind definitiv
faule Stricke –, stimmt die Chemie zwischen „oben
und unten".

Das gute Auge

Ein Steinbock zeichnet sich in der Rolle des Chefs (oder auch in jener eines leitenden Angestellten) dadurch aus, dass er ein scharfes Auge für die Wirklichkeit besitzt. Er wird immer bemüht sein, Gerechtigkeit walten zu lassen; und er lässt sich darin selten durch Tricks oder große Reden täuschen. Ein Steinbock ist dazu einfach zu bodenständig.

In einer Führungsposition erkennt er ziemlich schnell, welcher Mitarbeiter seiner Firma oder seines Teams über welche Qualitäten verfügt und wie er diese optimal einsetzen kann.

Ein wenig zu selbstbezogen

Die Schwäche des Steinbocks in einer Führungsposition kann darin liegen, dass er gelegentlich eine etwas prahlerische, zu selbstbezogene Ader entwickelt und einfach zu sehr von sich selbst und seinen Fähigkeiten überzeugt ist. Dies kann einem anderen unangenehm aufstoßen.

Aber grundsätzlich kann man davon ausgehen, dass die Firma in den Händen eines Steinbocks gut aufgehoben ist und er alles daransetzen wird, um sich für ihren Erfolg und ihren Bestand einzusetzen. Sein Kampfgeist für die Interessen seiner Firma ist beeindruckend!

Selbstständigkeit

Ideale Voraussetzungen

Wie kaum ein anderes Sternzeichen verfügen Steinböcke über nahezu ideale Voraussetzungen, um den Weg in die Selbstständigkeit anzutreten. Neben ihrer Sachkenntnis und dem Durchsetzungsvermögen sowie der Beharrlichkeit stehen an erster Stelle Fleiß und Engagement. Beides ist unbedingt notwendig, will man die besonders kritischen Anfangsjahre der Selbstständigkeit gut überstehen.

Sicherheit zuerst

Das ganz große, das schnelle Geld wird der Steinbock in aller Regel niemals erzielen. Aus dem einfachen Grund, weil er das dafür erforderliche ganz große Risiko scheut.

Ein Steinbock ist, auch in der eigenen Firma, vor allem an seiner finanziellen Sicherheit interessiert. Er wird alles daran setzen, um die Firma zum Erfolg zu führen. Dazu scheinen ihm allerdings riskante Spekulationen der denkbar ungeeignetste Weg zu sein.

Steinböcke befassen sich nur mit grundsoliden Plänen; denn schließlich ist das Eigenheim bereits geplant und dafür benötigen sie das notwendige Kleingeld.

Der Pädagoge

Steinböcke sind geborene Lehrer. Ihr Fleiß und ihre Zielstrebigkeit sowie ihre angeborenen Führungsqualitäten werden nicht selten dazu führen, dass sie ihre pädagogische Karriere als Schulleiter beenden.

Das Handwerk

Sehr viele Steinböcke verfügen über eine ausgesprochen praktische Ader. Diese Begabung eröffnet ihnen Berufschancen als Tischler, Maler oder den in diesem Umfeld angesiedelten Berufen. Dabei zeichnen sie sich durch Geschicklichkeit und Einfallsreichtum aus, bestimmte, immer wieder auftauchende Probleme in ihrer Berufswelt auf intelligente Weise zu lösen.

Der Konstrukteur

Ihr klarer Blick und das rasche Erfassen von Zusammenhängen machen Steinböcke auch geeignet für den Beruf des Architekten oder Ingenieurs. Gerade dann, wenn es um sachliche, rationale Lösungen geht, ist der nüchterne Steinbock am richtigen Platz.

Zum fantasievollen Innenarchitekten wird er eher weniger Neigung verspüren.

Der Kaufmann

Der Import- und Exporthandel, der einen guten Rechner und kühl kalkulierenden Kaufmann sucht, trifft mit einem Steinbock keine schlechte Wahl. Er wird über eine brillante Marktkenntnis verfügen und genau wissen, welche Einkaufs- und Verkaufswege ihm die besten Profite bringen.

Der Sozialarbeiter

Ein stärker sozial geprägter Steinbock wird in der Sozialarbeit durchaus seine Erfüllung finden, vor allem wenn er über einen starken Gerechtigkeitssinn verfügt und bemüht ist, die richtige (nach seiner Überzeugung!) Gesellschaftsordnung wiederherzustellen.

Der unerkannte Steinbock

Es gibt, auch wenn es schwer zu glauben ist, eine verborgene Seite des Steinbocks. Sie kann sich im Interesse für Philosophie oder Dichtung ausdrücken und zeichnet sich durch großen Tiefgang aus. Namen wie Edgar Allan Poe, Theodor Fontane, Kipling oder Grillparzer können als Beleg dafür stehen.

Die Natur

Da die Natur, zumindest in vielen Zügen, über klar erkennbare Ordnungsprinzipien verfügt, zieht sie den Steinbock an. Gärten, die eine klare Harmonie oder Symmetrie aufweisen finden dabei sein besonderes Interesse.

Der Archivar

Da Steinböcke grundsätzlich immer daran interessiert sind, ihren Wissensstandard zu verbessern, finden Bibliotheken oder Archive ihr ausgeprägtes Interesse. Hier läge auch ein mögliches Berufsbild verborgen, zumal das Verwalten und Bewahren von Wissen (von althergebrachtem Wissen!) dem Steinbock sehr entsprechen wird.

Der Traumberuf

Es gibt nur ein Berufsbild, bei dem man von den „wahren Steinböcken" sprechen kann: bei den Beamten! Es soll hier wahrlich kein Berufsstand besonders kritisiert werden, aber jeder wird schon einmal mit einem absolut unwilligen Beamten zu tun gehabt haben, der in diesem Fall die klassischen negativen Qualitäten des Steinbocks zum Ausdruck bringt. Womit natürlich weder etwas grundsätzlich Negatives über den Berufsstand des Beamten gesagt werden soll noch über eine pauschale Zuordnung des Steinbocks, dessen Vielfalt ja im Verlauf dieses Kapitels deutlich geworden sein dürfte.

Der Steinbock und die Liebe

Auf dem Boden der Tatsachen

Der treue Partner fürs Leben

Wer auch immer unter den Männern und Frauen der Schöpfung Ausschau hält nach einem verlässlichen Partner für das ganze Leben, der sollte vielleicht Ausschau nach einem Steinbock halten.

Und, Hand aufs Herz, wer sucht nicht eher nach einem zuverlässigen Partner als nach der „großen Liebe"? Von daher stellt sich die Frage nach der Idealbesetzung vielleicht für mehr Menschen, als man leichthin annehmen mag. Der Steinbock erfüllt auf alle Fälle alle Merkmale für den treuen Partner.

Ein Steinbock garantiert Dauer und Beständigkeit in einer Beziehung. Er steht fest wie eine Eiche an der Seite seines oder seiner Auserwählten.

Wer es allerdings gerne aufregend und prickelnd möchte, sollte sich vielleicht woanders umsehen.

Eine ernste Angelegenheit

Für männliche und weibliche Steinböcke ist die Liebe eine ausgesprochen ernste Angelegenheit. Dies ist kein Feld für Utopisten und Traumtänzer, auf alle Fälle nicht im Leben des Steinbocks. Sie können keine Beziehung gebrauchen, die mit Illusionen durchtränkt ist.

Steinböcke sind sich zudem sicher, dass auch die Liebe nicht nur auf der Sonnenseite des Lebens stattfindet.

Also gilt es, auch hier Beständigkeit gewährleistet zu sehen und einen Partner, der vor allem das Kriterium der Verlässlichkeit erfüllt, an ihrer Seite zu wissen.

Keine Himmelsstürmer

Wenn Sie Ihr Leben eher als Komet führen möchten und nach einem Himmelsstürmer Ausschau halten, der Ihnen die Sterne vom Firmament holt (oder zumindest in Aussicht stellt!), dann wäre der Steinbock – die ideale Fehlbesetzung!

Mit einem Steinbock als Partner sollten Sie sich von Anfang an darauf einstellen, dass Sie es mit einem bedächtigen, abwägenden, rationalen Menschen zu tun haben, der aber leider „ohne Flügel" zur Welt gekommen ist.

Steinböcke mit Gefühlstiefe

Es wäre völlig falsch, wenn man den Steinbock in eine emotionslose Nische stellen und damit abhaken würde. Steinböcke sind keineswegs so gefühlskalt oder unnahbar, wie sie auf den ersten Blick erscheinen mögen. Hier gilt es, tiefer und genauer hinzusehen.

Zweifelsfrei sind auch Steinböcke zu einer großen Gefühlsintensität befähigt, allerdings nicht in der gleichen Weise wie etwa Fische oder Krebse. Gefühle, gerade große und tiefe Gefühle, werden beim Steinbock gefiltert. Dadurch kommen sie bei seinem Partner nicht mehr im eigentlichen Sinne „emotional" an; sondern stiller, leiser, sachlicher und abwägender.

Es wäre aber falsch, durch diese Äußerlichkeit auf die fehlende Innerlichkeit des Skorpions Rückschlüsse ziehen zu wollen. Hier könnte man gerade den Feinfühligen unter den Steinböcken großes Unrecht zufügen.

Viel Geduld

Es wird im Liebesleben des Steinbocks niemand erwarten dürfen, dass er seine Gefühle offen zeigt oder seine Liebesschwüre auf den Lippen trägt. Ganz im Gegenteil.

Natürlich wird die Tatsache, dass man(n)/frau geradezu eine Spürnase braucht, um überhaupt zu erkennen, dass sich der Steinbock verliebt hat, die Sache nicht gerade einfach machen. Natürlich auch nicht für den Steinbock selbst, dem vielleicht manche tolle Beziehung zwischen den Händen zerrinnt, weil er/sie gar nicht bemerkt, was in dem Steinbock vorgeht.

Sein Partner/seine Partnerin können sich abschminken, dass der Steinbock einmal wirbt oder gar lockt. Das werden sie nie erleben.

Durch dick und dünn

Die Langatmigkeit und die sich schier endlos hinziehenden Entscheidungsprozesse in Beziehungsfragen hängen beim Steinbock schlicht und ergreifend mit der einen Komponente zusammen: Er wählt nur einmal, und dann für das ganze Leben! Wenn er seine Entscheidung dann getroffen hat, ist der Steinbock die Verkörperung der Treue.

Wenn man aber bedenkt, wie viele Prüfungsvorgänge dieser Entscheidung vorausgehen, wie viele Menschen der Steinbock genau unter die Lupe genommen hat, dann kann man erahnen, warum das Ganze so endlos lange gedauert hat.

Die Vernunftehe

Gegen die Entscheidung zur Vernunftehe ist nichts einzuwenden, außer vielleicht der Tatsache, dass die Romantiker im Tierkreis mit so einer Verbindung natürlich kläglich dahinsterben würden.

Erstaunlich ist, dass wahrscheinlich 80 % aller Vernunftehen von oder mit Steinböcken geschlossen werden. Das gibt doch zu denken. Ist in der Liebe wirklich das Reservoir an gemeinsamen Interessen und eine ähnliche Lebensanschauung so viel höher zu bewerten als die berühmten „Schmetterlinge im Bauch"? Und das gute Gefühl des dicken Sparbuches kann es doch wohl auch nicht sein. Oder doch?

Die Selbstzweifel

Eigenartigerweise leiden nun Steinböcke in Beziehungen oft selbst an jenen Qualitäten, die sie als unverzichtbar ansehen. Sie wollen, wer wollte das nicht, um ihrer selbst willen geliebt werden. Dagegen wird niemand etwas einwenden. Doch stattdessen quälen den Steinbock tiefe Selbstzweifel, ob er oder sie ihn nicht doch nur wegen seines beträchtlichen Bankkontos liebt. Immer wieder stellt sich der Steinbock die Frage, ob sein Partner/seine Partnerin ihn auch lieben würde, wenn er bettelarm wäre.

Hier gibt es nur eine Lösung für den Steinbock: Eine Bindung eingehen, solange das Bankkonto noch im Minus steht. Dann kann er sicher sein. Aber ein solches Risiko wird der Steinbock kaum eingehen, schließlich benötigt er ja die Sicherheit des dicken Kontos. Ein nahezu unlösbares Dilemma für Steinböcke!

Dominanz und Respekt

Steinböcke möchten auch in Beziehungen den Ton angeben. Es würde ihnen schwerfallen, sich einem dominanten Partner unterzuordnen. Das heißt aber wiederum nicht, dass er sich einen unterwürfigen Partner wünscht. Ganz im Gegenteil. Er möchte seinen Lebensgefährten auch achten und respektieren können; allerdings ohne Verlust an seiner Führungsrolle. Ein weiteres Dilemma für den Steinbock!

Liebe und Freundschaft

Beide Aspekte haben eine entscheidende Bedeutung im Leben der Steinböcke. Sie schätzen sie so hoch ein, dass sie immer darauf achten, ihnen in Beziehungen wiederzubegegnen. Ihre Partner müssen die gleichen Qualitäten mit in die Beziehung einbringen.

Aufgrund dieser hohen Werteskala wird der Steinbock niemals auf Abenteuer aus sein. Er ist in seinen Beziehungen überaus diszipliniert und sucht vor allem Beständigkeit und Verlässlichkeit.

Der Anti-Romantiker

Auch in Beziehungen steht für die Steinböcke die kritische Vernunft an oberster Stelle. Sie prüfen energisch und genau, ob der oder die andere es auch wert ist, geliebt zu werden. Hinzu kommt, dass sie nicht selten damit beschäftigt sind, den oder die andere zu maßregeln und sie in die richtigen Bahnen (nach ihrer Meinung!) zu lenken.

Sollten Sie romantische Abende lieben oder einen Partner suchen, mit dem Sie unter den Sternen tanzen können, so sollten Sie besser einen großen Bogen um Steinböcke machen. Sachlich, wie sie nun einmal sind, werden sie mit einem einzigen Satz einer romantischen Situation ein abruptes Ende bereiten.

Diese Frustrationen können sich alle Romantiker und Schwarmgeister im Tierkreis ersparen, wenn sie sich über das Wesen des Steinbocks rechtzeitig klar werden.

Alles nach Plan

Spontanität wird es im Leben des Steinbocks nicht geben. Alles verläuft nach einem genauen, wohldurchdachten Plan. Da gibt es kein Ausprobieren, sondern nur klare Entscheidungen.

Für Menschen, die vor allem auf Sicherheit und ein gemütliches Heim setzen, sind Steinböcke daher die absoluten Traumpartner.

Der unterkühlte Charme

Wenn man das Liebesleben der im Zeichen des Steinbocks Geborenen mit einem Begriff beschreiben wollte, so müsste man wohl vom „unterkühlten Charme" sprechen. Steinböcke haben vor nichts so sehr Angst wie davor, die Zügel aus den Händen genommen zu bekommen. Die Vorstellung, möglicherweise die Kontrolle verlieren zu können, was ja in der Liebe nicht gerade selten geschieht, stellt geradezu eine Horror-Vision für den stets kontrollierenden Steinbock dar.

Aus diesem Sicherheitsdenken heraus wird ein Steinbock alles vermeiden, was unter die Kategorie „Gefühlsausbruch" fällt.

Der Steinbock-Mann

Das Familienoberhaupt

Männliche Steinböcke haben eine klare Vorstellung vom Leben. Sie sehen sich gerne in der Rolle als Familienoberhaupt, wobei sie nicht selten auch einige patriarchalische Züge entwickeln können. Grundsätzlich aber versuchen sie mit allen ihnen zur Verfügung stehenden Mitteln, ihre Lieben zu versorgen und zu beschützen.

Der stolze Steinbock

Steinbock-Männer gehören zu den sehr stolzen Geschöpfen im Tierkreis. Das gerne porträtierte Bild vom stolz auf dem Berggipfel stehenden Steinbock, der die Hörner in den Himmel reckt, spiegelt nicht einmal unzutreffend das innere Wesen dieser Personen wider.

Steinbock-Männer werden sich auch nur ungern etwas sagen lassen und sind eher bereit, für andere Entscheidungen zu treffen. Das verstärkt natürlich noch die väterlich-pariarchalen Züge, die wir bei männlichen Steinböcken ohnehin antreffen.

Der Traditionalist

Ein Steinbock-Mann erwartet die Anpassung seiner Partnerin. Sie hat sich seinem Beruf und seinem Lebensstil unterzuordnen. Als Preis dafür bietet er ihr die klassische Versorger-Rolle. Die wird er allerdings wirklich perfekt spielen. Hier kann sich seine Partnerin völlig auf ihn verlassen.

Es ist so gut wie aussichtslos, ihn zu verändern. Der Steinbock-Mann zählt zu den absoluten Traditionalisten im Tierkreis.

Die Rollen sind bei einer Beziehung mit einem Steinbock von Anfang an klar verteilt. Für manche Frauen ist dies genau die richtige Wahl, andere wiederum können gar nicht schnell genug aus der Einflusssphäre eines Steinbocks verschwinden. So verschieden sind nun einmal (glücklicherweise!) die Geschmäcker!

Schüchtern und unauffällig

Es wird kaum möglich sein, einen Steinbock-Mann und einen Löwe-Mann zu verwechseln. Zu

unterschiedlich ist ihr Auftreten. Den männlichen Steinbock wird man auf einem Fest möglicherweise gar nicht bemerken; bei einem männlichen Löwen ist das ausgeschlossen. Steinböcke sind sowohl in ihrem Benehmen wie auch in ihrer Kleidung absolut tadellos – aber unauffällig. Es kann sogar sein, dass sie sich als ausgesprochen schüchtern erweisen, vor allem in Gesellschaft lauter „feuriger" und „luftiger" Gesellen.

Der Beschützer

Wenn Sie mit einem Steinbock verbunden sind, werden Sie es genießen, wie rührend besorgt er um sie ist. Der männliche Steinbock gleicht damit aus, was er an Spontanität und Lebenslust vermissen lässt. Er wird seine Hände schützend über seine Auserwählte oder seine Familie halten und sie vor allen Widrigkeiten der „bösen Welt" abschirmen. Nichts dringt nach draußen, was dort nicht auch seinen Platz hätte.

Die Gefühlsausbrüche

Da der Steinbock-Mann nicht gerade ein emotionaler Vulkan ist, werden starke Gefühlsausbrüche eher zu den Seltenheiten gehören. Anlass dafür könnten Sie ihm bieten, wenn Sie kleinere oder größere Geheimnisse vor ihm haben oder zu viel von „seinem" Geld ausgeben. Hier können klare Absprachen, für die Steinbock-Männer ganz besonders zu haben sind, eindeutige Positionen schaffen und Spannungen vermeiden helfen. Es sollte bei einer Diskussion mit einem Steinbock-Mann aber immer sachlich und logisch

zugehen, sonst wird aus dem Gespräch nichts Konst-
ruktives herauskommen!

Die Sicherheit der Ehe

Erst wenn sie in den Hafen der Ehe eingefahren sind,
werden Steinbock-Männer sich emotional mehr öffnen. In losen oder offenen Beziehungen ist ihnen dies
kaum möglich; denn sie benötigen diese emotionale
Sicherheit einer festen Bindung dringend, um einen
Blick in ihr Inneres preiszugeben.

Man sollte männlichen Steinböcken allerdings viel
Raum für sich selbst einräumen, denn sie haben meistens immer irgendetwas zu tun und ihr Beruf geht ihnen über alles. Zudem werden sie seitens ihrer Partnerin ein uneingeschränktes Interesse daran voraussetzen.

Beständigkeit geht vor Schönheit

Ein Steinbock-Mann mag mit seinem klaren Blick die
weiblichen Reize bemerken, verfallen wird er ihnen
niemals. Er sucht bei den Frauen nur jene der beständigen Art. Wenn er doch einmal ein paar schönen Bei-
nen hinterherschaut, wird er sich schnellstens selbst
wieder zur Ordnung rufen.

Ein Steinbock-Mann sagt sich immer wieder, dass
mit Schönheit allein noch nichts gewonnen ist. Gewonnen aber will er unbedingt; und zwar fürs Leben!

Treu bis in den Tod

Der Steinbock-Mann ist im Tierkreis der wahre „getreue Eckehart"! Wenn nicht etwas wirklich Ungewöhnliches passiert und seine Frau plötzlich verschwenderische oder freizügige Allüren entwickelt, wird er ihr bis zum letzten Atemzug treu zur Seite stehen.

Steinböcke halten Versprechen in Beziehungen, Ehen oder Familien unverbrüchlich ein, egal ob sie auf dem Standesamt, dem Gericht oder am Küchentisch gegeben wurden. Ein Versprechen, was der Steinbock-Mann einmal gegeben hat, wird er nicht brechen.

Kein Draufgänger

Zusammenfassend wird man festhalten müssen, dass der männliche Steinbock sich in einer vertrauten, sicheren häuslichen Umgebung zwar nicht zu einem impulsiven Draufgänger entwickeln wird, aber mit einer liebevollen Partnerin kann er eine harmonische Beziehung entfalten. Die Leidenschaftlichkeit wird dabei nicht gerade überschwängliche Züge annehmen, aber sie kann sich im vertrauten Zusammenleben zu einer gewissen Intensität entfalten.

Seine Partnerin muss auf jeden Fall viel Geduld mit ihm aufbringen und wissen, dass sich ihr das wahre Wesen ihres Steinbocks erst nach langer, langer Zeit wirklich in allen Facetten erschließen wird.

Die Steinbock-Frau

Warten auf den Richtigen

In ihrer Geduld und Beharrlichkeit unterscheidet sich die Steinbock-Frau nicht von ihrem männlichen Artgenossen. Auch sie wartet auf den Richtigen; und auch sie wartet äußerst geduldig.

Das Leben der Steinbock-Frau ist nicht von starken Gefühlen und Leidenschaft geprägt, sondern von ruhiger Abwägung und Vernunft.

Sie wird sich praktisch nie in eine unüberlegte, spontane Affäre stürzen, nur um einem Impuls des Augenblicks Folge zu leisten.

Der diskrete Charme

Die sprichwörtlichen „bunten Hühner" oder die Party-Ladies werden mit größter Sicherheit nicht im Zeichen des Steinbocks geboren sein. Die Steinbock-Frau ist ein eher unauffälliger Typ. Sie kleidet sich dementsprechend diskret, aber geschmackvoll und elegant.

Der weibliche Steinbock ist von einem eher kühlen Wesen und sehr introvertiert, kann dabei aber eine enorme Weiblichkeit ausstrahlen. Es wäre daher falsch, die Steinbock-Frau einfach als „graue Maus" bezeichnen zu wollen.

Die gute Kameradin

Die Steinbock-Frau ist sehr hilfsbereit und unterstützend. Sie steht ihren Partnern zur Seite und ist allzeit eine gute Kameradin. Dabei verliert sie jedoch nie ihre eigenen Ziele aus den Augen und zieht die Fäden aus dem Hintergrund. Sie ist die kontrollierende Kraft hinter der Bühne des Lebens.

Die Willensstarke

Die Steinbock-Frau verfügt über einen stark ausgeprägten Willen und eine klare Definition ihrer Absichten. Weibliche Steinböcke wissen immer und in allen Situationen, was **sie** wollen. Und natürlich wissen sie auch, **wen** sie wollen.

In diesem Zusammenhang setzt die Steinbock-Frau ihre ausgezeichnete Menschenkenntnis ein und lässt sich auch durch männliches Gehabe nicht beeindrucken und vom Weg abbringen.

Sie geht auf „Nummer sicher"; und selbst wenn sie an einem Mann interessiert ist, wird sie es doch niemals versäumen, ihn auf Herz und Nieren zu prüfen.

Der Mann fürs Leben

Wie ihr männliches Gegenüber will die Steinbock-Frau nur den einen, die finale Beziehung für das ganze Leben. Ein Flirt hier und da wird es mit einem weiblichen Steinbock nicht geben, dazu ist sie in Beziehungen viel zu ernsthaft.

Wenn sie sich endlich entschließt, eine tiefe Beziehung einzugehen, dann geschieht dies mit ihrem ganzen Wesen. Sie ist kein Schmetterling, der von Blume zu Blume flattert, aber auch keine Eintagsfliege.

Wenn Sie sich also einer Steinbock-Frau nähern, sollten Sie **sehr** ernsthafte Absichten hegen, andernfalls wird sie schon bald den Braten riechen; und dann könnten Sie sich an ihren Hörnern eine gewaltige Abfuhr holen. Vorsicht ist hier angesagt!

Die ideale Hausfrau und Mutter

Für viele Männer sind die im Zeichen des Steinbocks geborenen Frauen die idealen Ehepartnerinnen, zumindest was ihre Vorstellungen hinsichtlich der Mütter ihrer Kinder betrifft. Sie wird die ganze Familie mit Hingabe versorgen und dabei noch eine prächtige Kassenwartin für das Familienvermögen abgeben.

Steinbock-Frauen werden in ihren Beziehungen allerdings nur sehr selten diejenigen sein, die neue Ideen und Impulse einbringen. Sie sind der „Mutterboden", auf dem alles gedeiht, Inspiration und Abwechslung muss von ihrem Partner in die gemeinsame Beziehung eingebracht werden.

Das Hobby

Gerade für Steinbock-Frauen ist es von außerordentlicher Bedeutung, ein sie ausfüllendes Hobby zu pflegen oder irgendeiner Nebentätigkeit nachzugehen, falls sie nicht ohnehin berufstätig sind. Das Versorgen des Haushaltes und die Erziehung der Kinder reichen bei Weitem nicht aus, um die vielseitig interessierte Steinbock-Frau auszufüllen.

Möchte ihr Mann es vermeiden, einen Putzteufel im Haus zu haben, dann sollte er sie in allen Aktivitäten in diese Richtung unterstützen.

Ihre Verletzbarkeit

Steinbock-Frauen sind schon früh auf der Suche nach ihrer idealen Ergänzung. Dies wird niemals schrill oder lautstark vonstatten gehen, sondern stets dezent und aus dem Hintergrund. Sie wird aber erst dann zufrieden sein, wenn sie den passenden Partner gefunden hat.

Obwohl weibliche Steinböcke überaus emanzipiert und selbstsicher auftreten, was schon durch ihre kühle, unnahbare Art bedingt ist, sind sie sehr verletzlich und fürchten nichts mehr, als gerade in Liebesdingen enttäuscht zu werden.

Schon aus diesen inneren Befürchtungen heraus werden Steinbock-Frauen meistens lange zögern, bevor sie eine tiefe Beziehung eingehen. Sie wollen sich ganz sicher sein!

Die Realistin

Das Sicherheitsdenken wird die weiblichen Steinböcke schon sehr früh im Griff haben, und die Ideale und Wunschträume ihrer Jugend werden dem Realismus eines frühen Erwachsenwerdens Platz machen müssen. In fast allen Bereichen ihres Lebens gewinnt ein nüchterner, sachlicher Realitätssinn die Oberhand; und die Suche nach Sicherheit wird zum Antriebsmotor.

Der liebevolle Partner

Der weibliche Steinbock benötigt, mehr als manche seiner Geschlechtsgenossinnen, einen verständnisvollen, liebevollen Partner, der zu ihr steht und sie so nimmt, wie sie nun einmal ist. Dann öffnet sie ganz allmählich ihr Herz und offenbart ihr warmes Wesen, das treu und beständig an der Seite ihrer Lieben wacht, sie umsorgt und behütet.

Die Steinbock-Frau, die sich geborgen fühlt, wird diese Geborgenheit auch ausstrahlen und an ihre Umgebung weiterreichen.

Der Steinbock und
seine Beziehungen

Der Steinbock und der Widder

 *Ring frei*

Es darf sich niemand wundern, wenn zwischen beiden die Funken fliegen!

Steinbock und Widder sind zwei ausgeprägte Charakterköpfe und beide neigen dazu, andere zu dominieren. Dies funktioniert allerdings nicht miteinander.

Wenn zwei Böcke sich die Hörner wetzen, kann es gewaltig zur Sache gehen. Da prallen zwei ausgesprochene Dickschädel aufeinander; und wenn es dumm läuft, bleiben am Ende beide auf der Strecke. Das sollten die zwei Hornviecher doch möglichst vermeiden!

Der Steinbock zeichnet sich durch große Ausdauer und Konzentration aus, der Widder durch Lebensbejahung und Vitalität. Beiden würden die jeweiligen Qualitäten des anderen nützen. Sie sollten also lernen, sich in ihrer Beziehung zu befruchten, anstatt einander zu bekämpfen. Leider gelingt das nur in den seltensten Fällen. Meistens hat eine Beziehung zwischen Steinbock und Widder nicht lange Bestand. Die einzige Chance, die sie haben, wäre ein Haus auf einem Berggipfel; aber da besteht leider auch eine natürliche Beschränkung.

Der Steinbock und der Stier

 *Fast ein Traumpaar*

Der Steinbock und der Stier sind beides Erd-Zeichen. Sie verbindet daher eine natürliche Verwandtschaft und ein intuitives Verstehen. Steinbock und Stier sind emsige Arbeiter und werden gemeinsam ihr Haus errichten. Dem Steinbock wird es keine Kopfschmerzen bereiten, wenn der Stier seine Gedanken und Gefühle für sich behält; denn auch er zählt eher zu den zurückhaltenden Wesen des Tierkreises. Eine gewisse natürliche Reserviertheit ist ihm zu eigen.

Aus dem normalerweise sanften Stier kann schon einmal ein wilder werden, sodass es ihm gut bekommen wird, sich mit dem Steinbock zu verbinden, der stets einen kühlen Kopf bewahren wird. Das gleicht sich dann dadurch wieder aus, dass der Steinbock vom Stier allerhand Lektionen in Sachen Sinnlichkeit zu lernen bekommt. Ein befruchtender Ausgleich, wenn beide Sternzeichen sich offen darauf einlassen. Wenn sich beide eher zugeknöpft geben, wird es ein „Sicherheits-Bettgeflüster", in dem es nicht gerade erotisch prickelt.

Aber unabhängig von individuellen Öffnungsprozessen oder einer gewissen Verschlossenheit wird es sich zeigen, dass die Verbindung von Steinbock und Stier grundsätzlich eher verhalten verläuft. Beiden ist dies aber in keiner Weise unrecht, und so empfinden sie ihr Zusammenleben als harmonisch und angenehm.

Der Steinbock und der Zwilling

 **Mehr Frust als Lust**

Steinbock und Zwilling könnten aus ihrer Beziehung etwas machen, wenn sie bereit sind, wirklich aufeinander zuzugehen. Der Zwilling hat das, was dem Steinbock fehlt – und natürlich umgekehrt!

Während der Steinbock mit Ausdauer durch das Leben geht und alle Dinge und Aufgabenstellungen mit Beharrlichkeit und sehr energisch zu einem Ende führt, begegnet der Zwilling dem Leben an sich und seinen Aufgaben im Speziellen mit Humor und Leichtigkeit. Diese Eigenschaften wiederum fehlen dem Steinbock völlig. Hier läge eine Basis für einen befruchtenden Austausch zwischen den beiden Tierkreiszeichen.

Doch in der Regel wird sich die Beziehung zwischen Steinbock und Zwilling anders gestalten. Immer wenn der Steinbock den flatterhaften und unsteten Zwilling zur Rede stellen will, ist dieser schon ausgeflogen. Auf diesem Verhalten lässt sich natürlich keine tiefere Beziehung aufbauen.

Auch im alltäglichen Leben häufen sich die Schwierigkeiten. In der kleinen gemeinsamen Küche ist wieder einmal das Abwaschwasser kalt geworden, obwohl der Zwilling an der Reihe war. Aber der hatte natürlich etwas Besseres vor.

 So werden die beiden wohl nicht glücklich miteinander werden.

Der Steinbock und der Krebs

 *Die Gegen-Zeichen*

Der Steinbock und der Krebs stehen sich im Tierkreis im Abstand von einhundertachtzig Grad gegenüber, eine Stellung, die man als Gegen-Zeichen charakterisiert. Diese Konstellation bringt immer eine Herausforderung mit sich, da der eine vom anderen lernen kann eine Ergänzung darstellt.

Dort, wo der Krebs aus seiner Gefühlstiefe heraus reagiert, zeigt sich der Steinbock als systematischer Denker. Mit der Romantik sieht es da eher schlecht aus. Die romantische Komponente muss in die Kombination von Steinbock und Krebs natürlich vom Krebs eingebracht werden. Dazu bedarf es sicher einer erheblichen Aktivität seitens des Krebses, um den Steinbock in seine Welt einzuladen.

Der Krebs jedoch kann vom Steinbock lernen, den eigenen Lebensweg konstruktiv und klar anzugehen. Diese Zielgerichtetheit wird den in seinen Gefühlen schwimmenden Krebs positiv berühren. Zudem schenkt ihm der Steinbock eine ganz entscheidende Qualität – Halt und Sicherheit.

Zwischen den beiden könnte es zu einer dauerhaft haltbaren Vernunftehe kommen.

Der Steinbock und der Löwe

 *Steinige Pfade*

Die grundsätzliche Frage, die sich bei einer engen Verbindung zwischen Steinbock und Löwe stellt, lautet: Wo bleiben Romantik und Sinnlichkeit in dieser Beziehung?

Der Löwe wird am Steinbock sicher dessen Zielstrebigkeit und Beharrlichkeit schätzen, aber das dürfte nicht ausreichen, um darauf die große Liebe oder zumindest das kleine Glück aufzubauen.

Weiterhin wird der Löwe sich nicht gerade begeistert über die Halsstarrigkeit des Steinbocks zeigen. Der nämlich wird keine sonderliche Neigung an den Tag legen, sich den Herrschaftsansprüchen des Löwen zu beugen. Hier kracht es meistens sehr schnell.

In dieser Verbindung käme es darauf an, die jeweils typischen Merkmale des jeweiligen Zeichens abzuschwächen und sich verstärkt und mit großem Verständnis der anderen Seite zuzuwenden. Das jedoch wären Wesenszüge, die den beiden gerade nicht zu eigen sind.

 Nicht gerade eine fabelhafte Kombination!

Der Steinbock und die Jungfrau

🐐💕 *Die Vernunftehe*

Hier schätzen sich zwei verwandte Seelen wegen ihrer Klarheit und Verlässlichkeit. Da dies jedoch für beide entscheidende Qualitäten sind, bilden sie eine gute und stabile Basis für eine Verbindung.

Es wird zwischen dem Steinbock und der Jungfrau allerdings erst eine Liebe auf den „zweiten Blick" geben und mit Sicherheit nicht eine hocherotische, hemmungslose Leidenschaft. Dafür kann sich eine sachliche, bleibende Beziehung entwickeln.

Für Außenstehende wird es allerdings den Eindruck einer reinen „Vernunftehe" machen, weil die Sachlichkeit so sehr im Vordergrund steht. Für die beiden Beteiligten handelt es sich jedoch um eine solide, vertrauensvolle Verbindung, die von beiden Seiten in gleichem Maße geschätzt wird.

Gegenseitige Achtung und respektvolle Zuneigung müssen bei dieser Kombination das Feuer und den Pfiff ersetzen, der in anderen Verbindungen die Liebe am Lodern hält.

Der Steinbock und die Waage

 *Die Waage wird stabilisiert*

Eine Kombination, die sich als sehr ausgleichend und stabilisierend herausstellen kann. Auf einen Steinbock kann man sich verlassen, er hält, was er verspricht. Natürlich liebt die Waage, die doch eher ein Luftikus ist, diesen Wesenszug. Natürlich kann das im Extrem auch zum Konflikt führen, wenn die Waage gerade einmal durch das Leben tanzen möchte, während der Steinbock sich eher spröde und verschlossen gibt. Der Tanz durchs Leben ist nicht unbedingt die Grundnote für den Steinbock.

Der Erfolg der Verbindung zwischen Steinbock und Waage wird davon abhängen, wie viel Bereitschaft auf jeder Seite vorhanden ist, die unterschiedliche Natur des anderen anzuerkennen und in das eigene Persönlichkeitsprofil zu integrieren. Gelingt dies, könnten die beiden eine nahezu ideale Ergänzung abgeben.

Der Steinbock und der Skorpion

 *Zwei große Kritiker*

Die Beziehung zwischen einem Steinbock und einem Skorpion kann sich etwas zäh gestalten. Beide sind überaus kritische Naturen und möglicherweise umschleichen sie sich so lange, um einander zu prüfen, bis die möglicherweise vorhandene Anziehungskraft im Umschleichen erschöpft ist. Das war's dann schon zwischen den beiden.

Zwar liebt der Skorpion am Steinbock seine Zuverlässigkeit und Aufrichtigkeit, doch sind Steinböcke absolute Dickschädel, die sich nur selten und dann noch dazu äußerst widerwillig belehren lassen. Sehr zum Missvergnügen des Skorpions.

Die Basis für eine kreative Beziehung zwischen den beiden Zeichen ist relativ gering, trotzdem kann es auch auf dieser Grundlage zu einer erfolgreichen Bindung kommen, wobei beide Seiten allerdings erheblich an sich arbeiten müssen!

Der Steinbock und der Schütze

 Irgendwann wird es zu heiß

Auf einen Steinbock kann man sich immer und jeder-
zeit verlassen. Natürlich wird der Schütze diese Qualität zu schätzen wissen.

Auf Dauer gesehen, könnte der Steinbock auf den
dynamischen, idealistischen Schützen jedoch zu
spröde und zu realitätsbezogen wirken. Die damit ein-
hergehende Abkühlung des feurigen Schützen könnte
auch die Beziehung abkühlen. Der Steinbock tritt mit
seinem harten, kritischen Blick auf die Wirklichkeit
den Idealen und Träumen des Schützen einfach be-
drohlich nahe. Meistens zu nahe! Diese Nähe wirkt
auf die freiheitsliebenden Schützen beengend und
begrenzend.

Zwar wird der Schütze in diesem Vorgehen des
Steinbocks dessen Ehrlichkeit und Aufrichtigkeit zu
schätzen wissen, aber mehr auch nicht.

Bleiben die beiden trotzdem zusammen, wird nahezu zwangsläufig irgendwann der Zeitpunkt kommen, wo es dem Erd-Wesen Steinbock mit dem feurigen Schützen einfach zu heiß wird.

Der Steinbock und der Steinbock

 Wer gibt die Impulse?

Gerade wenn sich ein Steinbock mit einem anderen Steinbock verbindet, stellt sich die Frage, wer die Ideen in die Beziehung einbringt.

Ein Steinbock wird sich mit einem anderen immer über die gleichen Ziele verständigen können, die sie verfolgen werden. Es wird keine Diskussionen darüber geben, dass sie Haus und Hof vermehren und verschönern wollen; und auch über das „Wie" werden sich die beiden Steinböcke mit ziemlicher Sicherheit verständigen können.

Die entscheidende Frage lautet jedoch: Wer bringt die neuen Impulse in die Beziehung?

Darüber hinaus wird sich die Frage stellen, wer von den beiden in der Regel sehr dominanten Wesen den anderen reglementiert und somit in der Beziehung den Ton angibt. Hier sind eine Menge schlafender Konflikte begraben.

Grundsätzlich zählt die Verbindung von zwei Steinböcken zu den recht fragwürdigen Kombinationen. In den meisten Fällen benötigt der Steinbock, der männliche wie auch der weibliche ein anderes Wesen, das ihn inspiriert und neue Impulse liefert.

Der Steinbock und der Wassermann

 *Zu viel Misstrauen*

Wassermänner zählen im Tierkreis nicht gerade zu den „sichersten Kandidaten". Was Beziehungen angeht, gehören Wassermänner eher zu den labileren Charakteren, die sich nur ungern binden. Noch schwerer wird es für den Wassermann, sich zu ewiger Treue zu verpflichten. Hier entsteht dann der erste ganz große Konflikt mit dem Steinbock, der gerade auf diese Seite allergrößten Wert legt. Ewige Treue ist der Mittelpunkt und das Fundament einer Beziehung für den konservativen Steinbock.

Im täglichen Leben wird der Wassermann ständig mit neuen Ideen und Einfällen bei der Hand sein, die den Steinbock nahezu ununterbrochen dazu zwingen, diese Quelle der Unruhe misstrauisch zu beäugen. Zwar benötigt der Steinbock die Impulse von außen, aber nicht in jener Hülle und Fülle, wie sie ihm der Wassermann nahezu permanent beschert.

Eine Verbindung zwischen Steinbock und Wassermann wird nur dann erfolgreich sein können, wenn beide Partner ein Höchstmaß an Reife und Toleranz aufzubringen vermögen.

Der Steinbock und der Fisch

 Die zwei ganz Gegensätzlichen

Eine Kombination von zwei sehr unterschiedlichen Charakteren, die aber durchaus Entwicklungsmöglichkeiten bietet.

Der Steinbock liefert dem Fisch genau den Schutz, den dieser so überaus nötig hat. Der Fisch dagegen kommt dem Steinbock in seiner sensiblen und feinfühligen Art entgegen und sucht die innere und äußere Bindung. Damit kann der Steinbock im Allgemeinen gut leben.

Der Fisch ist zudem für die kleinen Attacken und Angriffe des Steinbocks kaum empfänglich und so kann es den beiden ungleichen Partnern nach und nach gelingen, sich aufeinander zuzubewegen und Verständnis füreinander zu entwickeln.

Beide der sehr verschiedenen Partner könnten viel voneinander lernen und dies zum Motor ihrer gemeinsamen Entwicklung machen. Ganz entscheidend wird es sein, die jeweilige Andersartigkeit des Partners zu respektieren, wobei vor allem der Steinbock aufgerufen ist, die sensible Seite des Fisches zu sehen und nicht zu verschrecken oder zu verletzen.

> *Eine Verbindung, die ihren ureigenen Reiz besitzt!*

Sexualität:
Der Steinbock-Mann

Keine Affären

Die Sexualität des männlichen Steinbocks wird entscheidend durch sein ausgeprägtes Verantwortungsgefühl geprägt. Er zählt zu den ganz treuen Gesellen des Tierkreises und es wird kaum vorkommen, dass Steinböcke durch eine Reihe extravaganter Affären auffallen.

Kein Draufgänger

Steinböcke zählen auch im Bereich der Sexualität zu den eher zurückhaltenderen Charakteren. Sie benötigen eine lange Annäherungszeit und nicht selten sind ihre ersten Erfahrungen auf diesem Feld von gewissen Hemmungen gekennzeichnet. Erst im Laufe ihres Lebens gelingt es den Steinböcken, diese leichten Hemmschwellen zu überwinden.

Aber auch für den „ausgereiften" Steinbock wird festzuhalten sein: Ein Draufgänger wird nicht aus ihm!

Etwas Anregung wäre hilfreich

Männliche Steinböcke können überaus liebevolle Wesen sein, wenn sie sich in einer harmonischen Beziehung mit ihrer Partnerin geborgen fühlen. Allerdings wären hin und wieder ein paar Anregungen von ihrer

Seite nicht zu verachten, sonst könnte das Liebesleben der beiden zu sehr in einer festgelegten Routine erstarren.

Die Partnerin eines Steinbock-Mannes sollte nicht vergessen, dass dieser nicht unbedingt ein immens fantasiebegabter Mann ist, sondern seine Schwerpunkte in der Realitätsbezogenheit besitzt. Diese Bodenständigkeit muss allerdings nicht heißen, dass seine Partnerin nicht genussvolle Stunden mit ihm verleben kann.

 Hier sind möglicherweise Überraschungen mit einem Steinbock-Mann möglich!

Leidenschaft mit Augenmaß

Der männliche Steinbock benötigt eine geraume Zeit, um sich seiner Partnerin gegenüber zu öffnen; dann jedoch muss Leidenschaft für ihn kein Fremdwort bleiben. Allerdings wird der Steinbock-Mann immer darauf bedacht sein, dass sich die „wilden Stunden" in den eigenen vier Wänden abspielen. Und natürlich ist Diskretion in seinem Liebesleben allerhöchstes Gebot.

Eine wilde Nacht im Park dürfte mit einem Steinbock-Mann also eher nicht zu verwirklichen sein; aber er hat durchaus andere Qualitäten!

Innen und außen sind verschieden

Schon manche Damen haben mit einem Steinbock-Mann in den eigenen vier Wänden angenehme Überraschungen erlebt. Dort kann er wirklich honigsüß

sein. Eine Qualität, die „sie" ihm eigentlich gar nicht so recht zugetraut hätte, da er sich sonst doch eher verschlossen gibt.

Wenn der Steinbock-Mann vor die Tür tritt, wird die Welt dann wieder in Ordnung sein. Er wird sich gewohnt kühl und nüchtern geben. Der altbekannte Realist und Traditionalist. Innen und außen sind für den Steinbock nun einmal zwei verschiedene Welten; und was innen geschieht, geht die Öffentlichkeit nichts an. Da ist der Steinbock-Mann von klarer Entschiedenheit.

Je älter, desto wilder

Erstaunlicherweise finden Steinbock-Männer in ihrer zweiten Lebenshälfte oft weit mehr Zugang zu ihrer eigenen Sexualität als in der sonst üblichen „Sturm-und-Drang-Zeit". Sie finden den Mut, sich mehr zu ihren eigenen Wünschen und Erfahrungen zu bekennen und diese auch ganz allmählich Wirklichkeit werden zu lassen.

Aber natürlich sind auch die wildesten Steinböcke noch immer nicht mit der zügellosen Leidenschaft eines Skorpions oder Widders zu vergleichen. Da spannen sich immer noch Abgründe zwischen zwei Welten.

Ausgeglichenheit

Unter der Überschrift „Ausgeglichenheit" lässt sich das Liebesleben mit einem Steinbock-Mann am ehesten charakterisieren. Dabei wird die sexuelle Beziehung durchaus harmonisch sein, wenngleich wahrscheinlich nicht überaus aufregend. Die Abwechslung und das „Feuer" sollte „frau" schon lieber selber einbringen.

Auch in seinem Liebesleben steht der Steinbock-Mann eher für Beständigkeit als für Abenteuer!

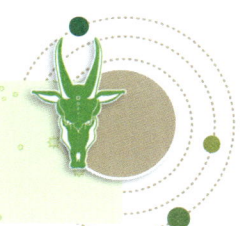

Sexualität: Die Steinbock-Frau

Leidenschaft auf Sparflamme

Der prickelnde Urlaubsflirt am Pool oder die aufregende Sommernacht, die sich spontan ergibt, ist kaum mit einer Steinbock-Frau vorstellbar. Sie zögert lange, bevor sie den entscheidenden Schritt tut. Schließlich gibt es für weibliche Steinböcke wahrhaft Wichtigeres im Leben!

Steinbock-Frauen zögern auch deshalb sexuelle Beziehungen hinaus, weil sie sich auf gar keinen Fall ausgenutzt vorkommen wollen, was an ihrer Selbstachtung nagen würde.

So kommt es nicht selten vor, dass die sonst so emanzipierte Steinbock-Frau vor lauter Zögern und Prüfen vergisst, dass sie an der ganzen Angelegenheit möglicherweise auch ihren Spaß haben könnte.

Vielleicht sollten moderne Steinbock-Frauen hier noch einmal eine ernsthafte Selbstprüfung vornehmen!

Keine Abenteuer

Wer so sehr Beständigkeit und Sicherheit sucht wie die Steinbock-Frau, kann einfach keine Basis finden, um sich einmal auf ein Abenteuer einzulassen. Einmal nur so über den eigenen Schatten zu springen, ist einfach nicht vorstellbar für sie. Hier stehen ihr ihre eigenen Begrenzungen zu sehr im Wege und ihr konservatives Denken lässt kleine Eskapaden einfach nicht zu.

Die Vorstellung eines „One-Night-Stand" gehört für weibliche Steinböcke zu den Ereignissen, die für sie schier unmöglich sind.

Die Kontrolle behalten

Eine Steinbock-Frau gibt praktisch nie ihre Kontrolle auf, es würde ihr zu viel von ihrer so benötigten Sicherheit nehmen. Dieses innere Festhalten macht sie natürlich nicht gerade zu einer leidenschaftlichen Geliebten. Sie wird eher die treue Partnerin bleiben.

Will man eine Steinbock-Frau doch einmal aus der Reserve locken, so bedarf es dazu eines immensen Einfühlungsvermögens und langjähriger Geduld seitens ihres vertrauten Partners.

 Aber Goldminen werden ja oft auch erst nach langem Suchen gefunden!

Bitte Abstand halten

Genau wie ihr männliches Gegenstück hassen weibliche Steinböcke Übertreibungen jeder Art. Wobei „Übertreibungen" bei ihnen schon sehr früh beginnen. Bereits bei einer festen Umarmung in der Öffentlichkeit kann es von einer Steinbock-Frau zurückkommen: „Das muss doch jetzt wirklich nicht sein, wir sind doch nicht zu Hause!"

Es bleibt allerdings die Frage, wie intensiv der Unterschied von jetzt und „zu Hause" dann in der Praxis wirklich ist.

Kleine Schritte

Steinbock-Frauen sind die Partnerinnen, denen man vertrauen und auf die man bauen kann. Wenn so allmählich ein großes Vertrauen gewachsen ist, lernen sie auch ein wenig sich hinzugeben. Dann wäre der richtige Zeitpunkt gekommen, sie an eine sinnliche Hand zu nehmen und zumindest einen Fuß ins Land der Leidenschaften zu setzen.

Männer sollten bei einer Steinbock-Frau daher niemals aufgeben. Es lässt sich einfach nicht vorhersagen, was nach Jahren des sanften Grummelns noch alles passiert, wenn der Vulkan plötzlich ausbricht.

Gesundheit

Allgemeine Ratschläge

Loslassen lernen

Steinböcke gehören unglücklicherweise zu jenen Menschen, die viel in sich hineinfressen und nicht gelernt haben, wieder etwas davon abzugeben oder loszulassen.

Auf der körperlichen Ebene führt dieser Wesenszug häufig zu Problemen im Darmbereich. Menschen, wie gerade auch die Steinböcke, die immer etwas zu gehalten leben, sollten vor allem das Loslassen lernen. Wenn sie hier nicht ihre Lektionen lernen, werden Steinböcke leicht von Krankheiten heimgesucht, die sich als äußerst unangenehm und manchmal auch langwierig erweisen können.

Der Steinbock sollte als Motto vielleicht auf seinen Schreibtisch ein Kärtchen mit der Aufschrift stellen:

 „Gelassen ist, wer gelassen hat!"

Körperliche Betätigung

Steinböcke zählen im Tierkreis eigentlich zu den ausgesprochenen Naturliebhabern, doch könnte sich dies noch weitaus stärker ausdrücken, als es in Wirklichkeit geschieht. Wenn es nämlich um die körperliche Betätigung geht, fallen dem Steinbock allerlei wichtige Dinge ein, die ihn davon abhalten, wieder einmal eine längere Wanderung zu unternehmen.

Im jugendlichen Alter ist diese kleine Trägheit ohne Belang, mit fortschreitendem Alter gewinnt sie jedoch erheblich an Bedeutung. Jetzt sind wirklich Konsequenzen gefordert.

Die Faulheit und Bewegungsarmut fordert unerbittlich ihren Preis und der Körper zollt der Unsportlichkeit seinen Tribut.

Wenn dann auch noch der Bauch unübersehbare Wölbungen annimmt, wird die ganze Sache noch problematischer, weil noch schwerfälliger.

Hier kann es für den Steinbock nur heißen, früh den Anfängen zu wehren und sich regelmäßig bewegen!

Der naschende Steinbock

Man möchte es beim disziplinierten Steinbock eigentlich gar nicht glauben – doch auch er gehört dazu! Auch der Steinbock ist ein Nascher!

Aufgrund der geschilderten Probleme mit Bäuchlein, Trägheit und anderen Dingen kann man dem Steinbock nur dringend empfehlen, allen Versuchungen zu widerstehen und die Naschereien stehen zu lassen. Andernfalls können die Auswirkungen dramatisch und das Bäuchlein zu einem echten Bauch werden!

Die schönen Dinge des Lebens

Dem extrem pflichtbewussten Steinbock kann als guter Rat nur mit auf den Weg gegeben werden, wenigstens gelegentlich die Arbeit Arbeit und die Pflicht Pflicht sein zu lassen.

Gerade für die im Zeichen des Steinbocks geborenen Menschen wäre es überaus hilfreich und heilsam, zu bestimmten Anlässen wirklich die „Seele baumeln" zu lassen. Das soll nicht heißen, dass sich der Steinbock der Trägheit überantwortet, sondern dass er sich den schönen Dingen des Lebens widmet.

Die Schwachzonen des Steinbocks

Das Knochengerüst

Den Steinböcken wird astrologisch das Knochengerüst zugeordnet, wobei die Knie und Schienbeine als besondere Schwachpunkte hervorzuheben sind. So mancher Steinbock klagt über schwache Knie oder entzündete Kniegelenke; und außerdem stoßen sich Steinböcke überdurchschnittlich oft die Schienbeine an.

Hier gilt es, frühzeitig ein Augenmerk auf die Problemzonen zu richten.

Rheuma und Arthritis

Wenn Steinböcke die empfohlenen Ratschläge zum Fithalten nicht berücksichtigen, wird das negative Auswirkungen im körperlichen Bereich zeigen. Bei

Steinböcken sind dann in erster Linie Krankheiten wie Rheuma oder Arthritis anzutreffen.

Obwohl Steinböcke, vor allem in der Jugend, über einen kräftigen, drahtigen Körper verfügen, stellen sich im Alter aus den genannten Gründen nicht gerade selten die bezeichneten Gebrechen ein.

Der Steinbock kann diesen Problemen nur dadurch entgehen, dass er sich diszipliniert (das kann er schließlich!) ein Sportprogramm verordnet und dieses auch konsequent einhält.

Gutes Schuhwerk

Da Steinböcke wahre Spezialisten darin sind, sich den oder die Knöchel zu verknacksen, sollten sie unbedingt (von Jugend an!) darauf achten, sich mit gutem Schuhwerk auszurüsten. Hier gilt es wirklich, den praktischen Gesichtspunkt dem modischen vorzuziehen.

Mit ein wenig Achtsamkeit kann der Steinbock dadurch lästige kleine Behinderungen durch Knöchelverletzungen vermeiden.

Die kühlere Jahreszeit

Seiner Geburtsperiode entsprechend, verträgt der Steinbock in der Regel die kältere Jahreszeit besser als die heißen Monate des Jahres. Allerdings sollte er seinen Knochen nicht zu viel zumuten und auch bei wintersportlichen Betätigungen seine Schwachzonen im Auge behalten.

Grundsätzlich ist dem Steinbock zu raten, sich in den kalten Monaten des Jahres gut und warm einzupacken.

Achtung vor der Sonne

Steinböcke weisen oft eine äußerst empfindliche Haut auf, die vor allem in den Sommermonaten oder im Winter an sonnigen Tagen auf Berggipfeln besonders geschützt werden muss. Ein hoher Lichtschutzfaktor sollte bei der Wahl einer Sonnencreme erste Priorität für Steinböcke sein, um ihre Haut vor der intensiven Sonneneinstrahlung zu schützen.

Im Krankheitsfall

Erfreulicherweise zählen Steinböcke zu den vernünftigen Kranken. Wenn sie einmal das Bett hüten müssen, halten sie glücklicherweise die Ratschläge des behandelnden Arztes ein und springen nicht vorzeitig aus dem Bett. In diesem Fall zeigt die von der Vernunft gesteuerte Lebensweise des Steinbocks wirklich ihre beste Seite.

Zudem nehmen Steinböcke im Krankheitsfall wirklich an, dass sie jetzt das Recht haben, endlich einmal auszuspannen und gepflegt zu werden. Anscheinend benötigen sie eine so deutliche Legitimation, um wirklich einmal „fünfe grade sein zu lassen"!

Ein guter Rat an den Steinbock

Freude am Leben

Keinem anderen Zeichen kann man so sehr ans Herz legen, einmal richtig auszuspannen, wie dem Steinbock. Dabei gilt dieser Ratschlag sowohl für die körperliche als auch für die geistig-seelische Seite. Steinböcke sollten sich unbedingt die Zeit nehmen, einfach eine Qualität wie Lebensfreude zu entwickeln. Ganz ohne spezielle Begründung!

Steinböcke sind in ihrer Lebensführung meist viel zu verhalten und haben es in der Regel versäumt zu lernen, einmal aus sich herauszugehen.

Natürlich ist dieser Rat leichter gegeben als umgesetzt, aber wenn es den Steinböcken gelingen würde, ein paar Sorgen im Leben loszulassen, wäre allein dieser kleine Schritt schon heilsam!

Regelmäßiger Ausgleichssport

Dem Steinbock fällt es leicht, eine regelmäßige Routine einzuhalten; und seinem Körper bekäme es außerordentlich gut, sportlich ausgelastet zu werden. Was spräche also dagegen, beides im Tagesablauf zu verwirklichen. Am Abend einmal oder zweimal in der Woche ins Schwimmbad zu gehen, sollte für den disziplinierten Steinbock eine zu lösende Aufgabe sein,

natürlich ohne den Anspruch, die Bestmarke über 400 Meter Freistil unter fünf Minuten zu drücken.

 Fitness ist gefragt, nicht Rekorde!

Lachen

Dem stets zu ernsten, an sich haltenden und konservativen Steinbock würde eine Medizin am allerbesten bekommen – das Lachen! Steinböcke sollten absolut keine Gelegenheit versäumen, um von Herzen in ein befreiendes Gelächter auszubrechen.

Es wäre geradezu geboten, eine Strategie zu entwerfen, worüber Steinböcke lachen können. Wahrscheinlich werden es keine billigen Soap Operas sein, aber Emil Steinbergers feinsinnige Ironie bei der Beobachtung seiner Mitmenschen sollte ihnen entsprechen.

Pflichten sind nicht alles

In einer Zeit, in der viele Menschen meinen, das Wort „Pflicht" aus ihrem Wortschatz streichen zu können, soll das Pflichtbewusstsein des Steinbocks durchaus in ganzer Größe gewürdigt werden. Wie so oft im Leben liegt aber auch hier in der größten Stärke auch ganz nahe die größte Schwäche.

Der so überaus pflichtbewusste Steinbock kann nicht Einhalt gebieten, wenn ihm immer noch mehr Arbeit aufgebürdet wird, wobei er nicht selten sogar selbst der Verursacher ist. Er muss endlich lernen, dass es gesundheitsschädlich ist, nahezu permanent an die Grenzen der eigenen Belastbarkeit zu gehen.

Die wichtigste Lektion, die ein Steinbock zu lernen hat, lautet: Das Leben hat mehr zu bieten als die täglichen Pflichten! Das meint natürlich in gar keinem Fall, die Pflichten zu vernachlässigen, sondern es bedeutet, über sie hinauszuschauen, was ein entscheidender Unterschied ist!

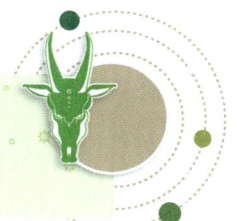

Sanfte Heilweisen für den Steinbock

Rolfing

Die Amerikanerin Ida Rolf entwickelte in den Dreißigerjahren des vorigen Jahrhunderts die nach ihr benannte Körpertherapie. Ihre ausgeklügelte Massagetechnik baut unter anderem auf den Lehren von Reich und Feldenkrais auf. Beide lehrten, dass sich der Mensch, um sich vor inneren, seelischen Verletzungen zu schützen, eine Art psychischen Panzer aufbaut, um so vor ihnen gewappnet zu sein. Dieses Verhalten führt dann zu einschneidenden muskulären Verspannungen und Verhärtungen. Gerade Steinböcke sind von solchen Verhaltensweisen besonders betroffen.

Ziel einer Rolfing-Behandlung ist es daher, durch gezielte Übungen Muskeln und Bindegewebe zu entspannen und zu harmonisieren.

Autogenes Training

Auch für Steinböcke sind die Grundübungen des Autogenen Trainings zu empfehlen. Sie helfen auf einfache, schnelle Weise, die ständige innere Anspannung zu lösen und den Körper und den Geist wieder in eine ausgeglichenere Haltung zu bringen.

Autogenes Training wird mittlerweile an fast allen Volkshochschulen oder sonstigen sozialen Einrichtungen gelehrt und ist leicht zu erlernen.

In manchen Fällen übernehmen sogar die Krankenkassen die Kurs- oder Seminar-Gebühren.

Chiropraktik

Die Chiropraktik, die eigentlich auf den berühmten griechischen Arzt Hippokrates zurückgeht, wurde von dem Heiler und Magnetiseur Daniel Palmer in der zweiten Hälfte des 19. Jahrhunderts neu begründet. Sie basiert auf der Beobachtung, dass vor allem die Wirbelsäule entscheidende Bedeutung für zahlreiche Erkrankungen besitzt. Durch bestimmte Druckeinwirkungen oder eine plötzliche Kraftausübung an bestimmten Punkten des Knochengerüstes wird versucht, Fehlhaltungen wieder zu richten, zu justieren.

Für Steinböcke, die gerade im Bereich des Knochengerüstes erhebliche Probleme haben, ist die Chiropraktik eine sehr wertvolle Behandlungsform.

Massagen und Kuren

Die Massagen wird der oft verspannte Steinbock als ausgesprochen wohltuend für seinen Körper empfinden und die Kuren können ein Übriges leisten, um das Wohlbefinden auf einer ganzheitlichen Ebene zu verbessern.

Ideal wäre eine Kombination, in der eine Kur mit regelmäßigen Massageanwendungen durchgeführt wird.

Das Bachblüten-Mittel

Kaum eine andere sanfte Heilweise hat in den vergangenen Jahren eine solche Erfolgsstory aufzuweisen wie die Blütenmittel von Dr. Edward Bach. Ihre geniale Einfachheit macht das Geheimnis ihres Erfolges aus. Für jedermann leicht anwendbar, sind die Pflanzenessenzen dennoch überaus wirksam.

Das Bachblüten-Mittel für den Steinbock ist
MIMULUS (Gefleckte Gauklerblume).

Das astrologische Symbol des Steinbocks deutet ein Mischwesen aus Ziege und Fisch an. Der Steinbock findet sich also zu Land und zu Wasser zurecht und beherrscht die Kunst des Überlebens. Ein mystischeres Symbol des Steinbocks stellt das Einhorn dar, das die höchsten Ziele des Menschen repräsentiert. Die unter dem Zeichen des Steinbocks Geborenen entsprechen also gewissermaßen den Bergziegen, die sich langsam, aber beständig, alle Hindernisse

überwindend, dem Gipfel nähern. So streben diese
Menschen wie kaum andere nach materiellem Erfolg.

Der Einfluss des Winters kommt beim Steinbock
deutlicher als bei anderen Persönlichkeiten zum
Ausdruck.

Erfährt der Steinbock eine spirituelle Inspiration,
steigt er zu den Gipfeln seines Wesens auf. Er offenbart dann eine edle und vertrauenswürdige Aufrichtigkeit, die sowohl sein persönliches Leben als auch
das seiner Umwelt verzaubert.

Mimulus – Gefleckte Gauklerblume

Dem Mimulus-Typus fehlt es an Wärme und Humor.
Er nimmt das Leben zu ernst. Er will geachtet werden
oder hofft, als außergewöhnlich oder als Mensch mit
Tiefgang betrachtet zu werden. Wenn ihre Pläne und
Absichten vereitelt werden, zeigen Mimulus-Men-
schen aus Skrupellosigkeit heraus Angst, mag diese
Angst tatsächlich oder eingebildet sein. Sie würden
gerne das spontane Selbstvertrauen des Widders
oder die Gelassenheit des Wassermanns besitzen. Der
Mimulus-Typ zögert oft, jedoch nicht aus Unentschie-
denheit heraus wie die Waagen, sondern aus Angst
vor dem Ergebnis des Begonnenen. Der Mimulus-
Charakter weiß, was er möchte, und lebt in ständiger
Furcht, es nicht zu erreichen. Ähnlich wie der Stier
weigert sich der Mimulus-Steinbock loszulassen.

Der konstruktive Mimulus-Typus nimmt Herausforderungen an und erklimmt „Berge" mit ruhiger und würdevoller Haltung. Er erreicht mit Entschiedenheit seine Ziele und ist zu langfristigen Unternehmungen imstande. Durch Erfahrung hat er gelernt, dass es überall für alle Gerechtigkeit gibt. Er weiß, dass der Mensch genau das erhält, was er verdient. Er ist voller Lauterkeit und fürchtet nichts. Er vertraut stillschweigend in die großen Gesetze des Lebens. Dieser Mensch verkörpert die höchsten Qualitäten des Steinbocks. Allerdings sind solche Menschen, wie in allen Sternzeichen, dünn gesät!

Das Aura-Soma-Mittel

Eine weitere sanfte Heilweise ist die Aura-Soma-Therapie, eine Kombination aus Aroma-, Farb- und Lichttherapie. Da die vielen Ölfläschchen, die wunderbar duften und sehr schön anzuschauen sind, nicht allgemein zu einem Sternzeichen zugeordnet werden können, empfiehlt es sich, einen der vielen Aura-Soma-Therapeuten zurate zu ziehen, die heute praktisch in jeder mittelgroßen Stadt anzutreffen sind.

Essen und Trinken

Der Steinbock in der Küche

Kochen, um zu essen

Der Steinbock kocht nicht gerade gern; er kocht aber auch nicht ungern! Steinböcke kochen, weil es sein muss. Das wiederum heißt nicht, dass sie nicht kochen können!

Im Gegenteil, der Steinbock wagt sich durchaus an knifflige Rezepte und er bewältigt sie in der Regel ausgezeichnet. Man wird also, wenn man bei einem Steinbock zum Essen eingeladen ist, nicht mit knurrendem Magen wieder nach Hause fahren müssen.

Alles verwerten

Ein Steinbock ist viel zu gewissenhaft, um etwas wegzuwerfen. Bei ihm in der Küche kommt nichts um. Grundsätzlich wird der Steinbock eher einer traditionellen Küchenphilosophie frönen, doch wenn es darum geht, die Reste in seinem Kühlschrank aufzuarbeiten, kommt er durchaus zu ausgesprochen fantasievollen, kreativen Gerichten, die durchaus einen gewissen „Pfiff" haben!

Die perfekte Ausrüstung

Die Küche des Steinbocks ist ausgesprochen praktisch eingerichtet. Schnickschnack und Firlefanz werden dort bestimmt nicht anzutreffen sein. Stattdessen findet man exzellente Geräte, die auf dem neuesten technischen Stand sind und eine optimale Nutzung versprechen. Von der Qualität seiner Küchenausrüstung hat sich der Steinbock genau überzeugt, sonst hätte er nicht so viel Geld dafür ausgegeben.

Nichts verkommen lassen

Steinböcke bevorzugen die Fleischküche. Dabei essen sie gerne und gut, wenngleich meistens ein wenig zu konservativ. Ein Steinbock ist nicht bereit, unnötig viel Geld für Experimente auszugeben. Dazu ist er einfach zu sparsam.

Eine weitere spezielle Eigenart des Steinbocks ist es, dass er öfter mal zu viel zu sich nimmt. Weniger, weil er gerade so ausgehungert ist, sondern eher, weil er nicht möchte, dass etwas verkommt.

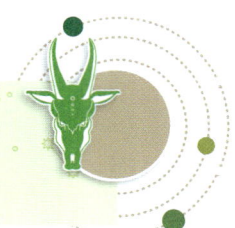

Der Steinbock und seine Gäste

Allzeit bereit

Steinböcke gehören nicht unbedingt zu den ausgesprochenen Party-Löwen. Ihr Haus wird nicht alle paar Tage angefüllt mit fröhlichen Gästen sein, das würde sie einfach zu sehr in ihrem täglichen Leben stören.

Unabhängig davon sind Steinböcke aber gegebenenfalls auf Gäste vorbereitet. Bei ihnen kann man immer auftauchen, ohne befürchten zu müssen, hungrig

wieder das Weite zu suchen. Außerdem wird es im Haus von Herrn oder Frau Steinbock immer sauber und aufgeräumt sein.

Die perfekte Inszenierung

Wenn der Steinbock dann einmal ein Fest gibt, darf man sicher sein, dass es eine perfekte Inszenierung wird. Jeder bekommt seinen Platz zugewiesen, meistens mit Tischkärtchen, und die Tafel wird vollendet gestaltet sein. Der Steinbock wird für seine Feiern einen eher klassischen Stil bevorzugen und die Gestaltung des Tisches mit dem einen oder anderen wertvollen Utensil aufwerten. Sie sollten als Gast dann nicht vergessen, es erstens zu bemerken und zweitens lobend zu erwähnen!

Das stilvolle Fleischgericht

Exotische Gerichte werden Sie im Steinbock-Haus nicht serviert bekommen, sondern eher traditionell-europäische Fleischgerichte, die der Steinbock bevorzugt. Als Vegetarier sollten Sie Ihre Essgewohnheiten zuvor bekannt geben, um Ihnen und Ihrem Gastgeber Peinlichkeiten zu ersparen!

Kein platter Small Talk

Ein Steinbock-Gastgeber wird sich regelmäßig dann in die Tischgespräche einschalten, wenn er den Eindruck gewinnt, sie könnten zu einem platten Small Talk verflachen. Das würde ihn immens stören, den jede Art von oberflächlichem Geplänkel ist ihm zutiefst zuwider. Er erwartet von seinen Gästen eine Unterhaltung oder auch eine Diskussion mit Stil und Niveau.

Nach der Party ist vor der Party

Auch wenn der Steinbock nach dem gesellschaftlichen Ereignis des Abends so schnell keine zweite Feier plant, wird er den Ort des Geschehen so tadellos sauber wieder herrichten, dass der nächste Abend die nächste Feier sehen könnte. Für einen Steinbock ist immer nach der Party vor der Party.

Es wird alles abgeräumt, aufgewaschen und an den ihm gehörigen Platz zurückgestellt. Bevor nicht das letzte Überbleibsel der Feier beseitigt ist, wird der Steinbock nicht ins Bett gehen.

Die Lieblingsgerichte des Steinbocks

Der sparsame Fleischesser

Steinböcke bevorzugen in den meisten Fälle Fleischgerichte, ohne dabei eine spezielle Vorliebe zu zeigen. Sie gehören beim Einkaufen allerdings zu der ganz sparsamen Sorte und werden die Schnitzel oder Rumpsteaks nur dann kaufen, wenn sie gerade im Angebot sind. Ein Steinbock kann sich diebisch über einen gesparten Euro bei seinem Rinderbraten freuen.

Was auch immer sie kochen oder einkaufen, sie werden stets darauf achten, dass auf jeden Fall das Preis-Leistungs-Verhältnis stimmt!

Der Traditionalist auch in der Küche

Steinböcke bevorzugen traditionelle Gerichte. Der Rheinische Sauerbraten liegt ihnen eher als ein Nasi-goreng. Ihre Ernährung bewegt sich in den richtigen Bahnen, wenn ordentliche Kraftnahrung auf dem Speiseplan steht.

Ein typisches Steinbock-Rezept:

GESOTTENE OCHSENZUNGE MIT BEILAGEN

500 g vorgegarte Ochsenzunge
Rinderkraftbrühe
Salz, Räucherpfeffer
500 g Tomaten
1 Bund Karotten
250 g Pfifferlinge

1 Bund Radieschen
1 Bund Petersilie
Rotwein
Senf, Kerbel, Schnittlauch, Basilikum
500 g Kartoffeln

Die Rinderkraftbrühe aufkochen, die Ochsenzunge in das heiße Wasser hineingeben, dabei unbedingt darauf achten, dass die Zunge nur ca. 15 Minuten auf dem Siedepunkt zieht. Nicht kochen!

Das Gemüse putzen, waschen, in kleine Stücke schneiden und leicht anköcheln. Die Pilze in einer separaten Pfanne in einer würzigen Tunke (Räucher-pfeffer!) andünsten und, bevor sie weich werden, dem

Gemüse hinzufügen. Falls keine Brühe oder Soße mehr vorhanden ist, etwas Brühe von der siedenden Ochsenzunge dazugeben. Das Gemüse und die Pilze mit Rotwein abschmecken, klein gehacktes Basilikum dazugeben und mit Kerbel bestreuen. Als pikante Note kann der Soße ein Esslöffel scharfer Senf hinzugefügt werden.

Zum Schluss wird die Pilz-Gemüse-Mischung über die Ochsenzunge gegeben und das Ganze mit Petersilienkartoffeln serviert.

Die Lieblingsgetränke des Steinbocks

Der Steinbock weist keine ausgesprochenen Lieblingsgetränke auf. Er trinkt Bier ebenso wie Mineralwasser; beim Wein wird er einen kräftigen Roten einem lieblichen Weißen vorziehen.

Wenn er Gäste bewirtet, neigt er auch dazu, einen klassischen Cocktail zu servieren.

Wie man einen Steinbock verwöhnt

Die Einladung

Steinböcke gehören zu jenen Wesen des Tierkreises, die ziemlich leicht zu verwöhnen sind. Schon allein die Tatsache, dass jemand sie einlädt, stimmt sie ausgesprochen positiv. Für solche Einladungen ist der Steinbock absolut empfänglich.

Soll die Einladung auch einen kulturellen Aspekt haben, wäre ein Konzertbesuch (klassische Musik bevorzugt!) eine gelungene Wahl. Steinböcke lieben es auch, zu Premieren zu gehen. Hier kommen sie voll auf ihre Kosten, vor allem, wenn sie die Karten nicht zahlen müssen! Sie verstehen dann aber auch ohne Zweifel, dass ihrem Gastgeber etwas an ihnen liegt. Da bedarf es dann keiner längeren Erklärung mehr!

Aber bitte mit Stil!

Vergessen Sie bitte, wenn Sie einen Steinbock einladen, niemals die Stilfrage. Steinböcke sind in nicht wenigen Fällen sehr anspruchsvoll, und zwar betrifft das sowohl das Programm als auch den Platz. Für „Seifenopern" sind Steinböcke bestimmt als Letzte zu begeistern; und der Platz sollte, wenngleich auch nicht in der ersten Reihe, so doch auf keinen Fall hinter der Reihe 15 liegen.

Der Steinbock wird auch anhand dieser Kleinigkeiten die Wertschätzung ablesen, die Sie für ihn hegen. Gerade bei ihm sind diese „Nebensächlichkeiten" von hauptsächlicher Bedeutung!

Der nette Abend zu Hause

Ein Steinbock hat durchaus ausgeprägte häusliche Aspekte und wird es daher zweifelsfrei auch genießen, in den eigenen vier Wänden verwöhnt zu werden, denn da hält er sich in der Regel bevorzugt auf. So kann es mit einem Steinbock einen anregenden Abend geben, wenn Sie mit einem anspruchsvollen Video und einer Tasche voller Naschereien auftauchen.

Genießer oder Asket

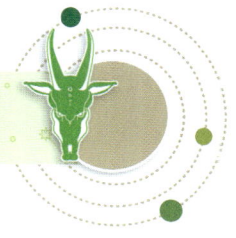

Asket mit Neigungen

Die Verbindung von „Asket" und „Neigungen" ist beim Steinbock ausgesprochen doppeldeutig. Zum einen neigt der Steinbock durchaus zur Askese. Er hat in den meisten Fällen keine Probleme, Verzicht zu leisten und sich radikal einzuschränken. Dies wird meistens noch von einer Einsicht in die Notwendigkeit dieser Einschränkung begleitet.

Dann hat der Steinbock aber auch Neigungen, die ihn zu den süßen Dingen des Lebens ziehen. Das heißt, er ist den Näschereien aller Art äußerst zugeneigt; und selbst der asketische Steinbock kann hier sein Waterloo erleben und der süßen Versuchung er- und unterliegen!

Das Problem mit der Menge

Wenn der Steinbock auch über einige Zeit eine asketische Phase in seinem Leben durchgehalten hat, kommt dann doch plötzlich der Tag, an dem ihn eine besonders nette Einladung erreicht. Wenn es dann noch „Gesottene Ochsenzunge", Lammbraten oder ähnliche deftige Fleischgerichte gibt, ist es aus mit der Askese. Der Steinbock wird mit dem größten Appetit zugreifen – und wahrscheinlich viel zu viel essen.

 Das war's dann mit der Askese!

Der Steinbock
als Kind

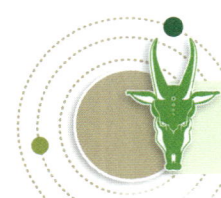

Der kleine Steinbock

Schon früh erwachsen

Steinbock-Kinder zeigen schon in frühen Jahren
eine verblüffende Ernsthaftigkeit. Wenn die anderen
Altersgenossen noch die wilden Streiche aushecken,
zeigen sie schon deutliche Anzeichen von Vernunft.

Man neigt dazu, von den kleinen Steinböcken als
von den Kindern des Tierkreises zu sprechen, die bereits ein wenig erwachsen zur Welt gekommen sind.

Die Altklugen

Steinbock-Kinder sind in vielen Fällen nicht einfach
kindlich neugierig, sondern sie besitzen für ihr Verhalten bereits „wichtige" Gründe. Um hier Fehlent-
wicklungen vorzubeugen, empfiehlt es sich, an ihren
Humor zu appellieren. Dazu wäre es auch hilfreich,
ihnen als Eltern eine gewisse Leichtigkeit vorzuleben,
die ihnen als Vorbild dienen kann.

Wenn man hier nicht aufpasst, kann es leicht geschehen, dass sich kleine Steinböcke schon früh zu
unangenehm altklugen Gesellen entwickeln, sehr zum
Ärger ihre Umwelt.

Die Zuverlässigen

Übermütig und fantasievoll werden kleine Steinböcke nicht unbedingt sein, eher nüchtern und diszipliniert. Es wird selten vorkommen, dass sie einmal über die Strenge schlagen.

Sie werden schon früh einen immensen Fleiß und Ehrgeiz erkennen lassen; zudem sind sie bereits im Kindesalter ausgesprochen zuverlässig, nicht selten weit über ihr Alter hinaus.

Die Ernsthaften

Steinbock-Kinder wirken manches Mal reifer als ihre Altersgenossen und beginnen schon sehr früh damit, ernsthafte Äußerungen über das Leben von sich zu geben. Es sind Kinder mit denen ihre Eltern sehr selten Disziplinprobleme haben werden. Eher kann das Gegenteil der Fall sein.

Es kann Ihnen als Eltern eines kleinen Steinbocks, vor allem wenn Sie zur humorvoll-witzigen Kategorie gehören, schon einmal passieren, dass Ihr kleiner Sprössling Sie mit den Worten zur Ordnung ruft: „Kannst du nicht einmal ernst bleiben!" Darauf sollten Sie notfalls vorbereitet sein!

Die Welt der Bücher

Das ideale Geschenk für ein Steinbock-Kind ist ein Buch. Ideal wäre es, ihnen Bücher in die Hand zu geben, die ihre Fantasie anregen. Kleine Steinböcke finden zu Büchern meist einen leichten Zugang und es wäre gerade bei diesen Kleinen absolut wünschenswert, sie mit fantasievollen Geschichten aus ihrer Ernsthaftigkeit und Reserviertheit herauszuholen.

Für kleine Steinböcke empfiehlt es sich daher, beim Buchkauf auf heitere Geschichten zu achten, denn das Leben eines Steinbock-Kindes ist mitunter von einer viel zu großen und zu frühen Ernsthaftigkeit geprägt.

Die Pflichten

Steinbock-Kinder werden sich früh anbieten, kleine Pflichten zu übernehmen. Sie werden dies gern tun, allerdings wollen sie den Sinn der zu verrichtenden Tätigkeit verstehen. Ein kleiner Steinbock möchte eine nachvollziehbare Antwort auf seine „Warum-Frage" erhalten.

Als Eltern sollten Sie allerdings darauf achten, dieses frühe Pflichtbewusstsein Ihres noch jungen Steinbocks nicht zu überfordern. Es kann allzu leicht geschehen, dass man kleine Steinböcke für erwachsener hält, als sie eigentlich sind. Dies kann vor allem im Bereich der Geschwister leicht geschehen, wenn man sie mit der Aufsicht über die Jüngsten der Familie betraut, obwohl sie eigentlich innerlich dieser Verantwortung noch nicht gewachsen sind. Trotzdem wird mit einem kleinen Steinbock hier weniger passieren als mit anderen Kindern im gleichen Alter.

Die heitere Seite des Lebens

Hier könnte eine der ganz großen Aufgaben bei der Erziehung kleiner Steinböcke liegen – ihnen die heitere Seite des Lebens zu vermitteln. Auf diesem Gebiet haben die kleinen Steinböcke ihr größtes Defizit.

Steinbock-Kinder sind häufig so ernst, dass es ihre Umwelt manchmal geradezu erschreckt!

Der geregelte Tagesablauf

Schon der kleine Steinbock legt Wert auf einen geregelten Tagesablauf. Für ihn bedeutet diese äußere Ordnung eine Orientierungshilfe, an der er seinen Lebensrhythmus entwickeln kann. Für Steinbock-Kinder können ungewohnte oder unerwartete Ereignisse geradezu eine dramatische Herausforderung darstellen, kommt doch ihr festgefügtes Weltbild ins Wanken.

Einerseits wäre es wichtig, diese kleinen Herausforderungen nicht zu vermeiden, andererseits sollte man aber auch darauf achten, ein Steinbock-Kind in dieser Hinsicht langsam auf Veränderungen vorzubereiten.

Einmal gesagt genügt

Der klassische Frustrationssatz aller geplagten Eltern: „Muss ich dir das denn hundertmal sagen?" wird bei Steinbock-Kindern am seltensten fallen. Kleinen Steinböcken muss man die meisten Dinge tatsächlich nur einmal sagen, und dann sitzen sie!

Dieses Phänomen ist nicht nur auf ihr konzentriertes Verhalten und ihr ausgezeichnetes Gedächtnis zurückzuführen, sondern auch auf ihren Wunsch nach Erfüllung von Pflichten und der Beachtung von Rhythmen und Regelmäßigkeiten.

Zum Toben anregen

Muss man die meisten Kinder eher bremsen und ihr Toben mit elterlicher Strenge leicht einschränken, so kann es bei kleinen Steinböcken in vielen Fällen eher zu gegenteiligen Anstrengungen kommen. Bei ihnen ist es seitens der Eltern häufig angesagt, die Steinbock-Kinder zum ausgelassenen Spiel anzuregen. Dieses sollte dann auch vor der Tür im Freien stattfinden. Die Bewegung an der frischen Luft stellt für Steinbock-Kinder einen wichtigen Ausgleich dar. Andernfalls können sie sich zu regelrechten Stubenhockern entwickeln.

Regen Sie daher eine Stunde am Tag zum Spielen und Toben im Freien an, die auch regelmäßig wiederkehren sollte. Wenn diese zu einer ständigen Einrichtung geworden ist, sollte das Stubenhocker-Problem damit vom Tisch sein.

Die Sinn-Frage

Bei keinen anderen Kindern im Sternkreis steht die Frage nach Sinn, auf allen Ebenen, so im Zentrum der Erziehung wie bei den kleinen Steinböcken. Sie werden murren, wenn sie eine Aufgabe oder Pflicht als sinnlos empfinden. Hier unterscheiden sich kleine Steinböcke nicht von den Großen.

Wenn diese Situation eintritt, haben Sie als Eltern ein echtes Problem mit Ihrem sonst so folgsamen kleinen Steinbock. Sie werden Mühe haben, ihn auch nur zu einem Schritt in die von Ihnen gewünschte Richtung zu bewegen. Er sieht einfach keinen Sinn darin, also tut er es nicht!

Der eigene Rhythmus

Die eigene innere Uhr, der persönliche Rhythmus sind bei Steinbock-Kindern noch bedeutender als bei anderen. Sie dürfen daher einen kleinen Steinbock niemals hetzen. Er wird seine Aufgaben oder Pflichten nicht langsamer erfüllen als andere Kinder, aber er wird dies gemäß seinem eigenen Rhythmus tun. Lassen Sie ihn diesen Rhythmus beibehalten, denn alles andere würde zu keinem guten Ende führen.

Ein kleiner Steinbock ist überaus genau in der Erfüllung seiner Aufgaben, aber er wird sie auf seine Weise durchführen.

Die soziale Komponente

Die kleinen Steinböcke können schon sehr früh ziemlich hartnäckig an ihrem Taschengeld festhalten. Hier sind Sie als Erzieher gefragt, die soziale Komponente ins Spiel zu bringen. Erklären Sie Ihrem jungen Steinbock schon früh, dass es bedürftige Menschen gibt, denen es weitaus schlechter geht als ihm. Machen Sie ihn frühzeitig darauf aufmerksam, dass es durchaus angemessen ist, öfter einmal etwas in eine Spendendose oder in einen alten Hut zu werfen. Er wird erkennen, dass er deswegen nicht auf die kleinen Naschereien oder den Kinobesuch verzichten muss.

Gerade bei Steinböcken ist eine frühe Erziehung in dieser Richtung geboten und mit guten Früchten gesegnet.

Der Kindergarten

Die Kindergartenzeit bedeutet für den kleinen Steinbock in den ersten Tagen und Wochen eine einschneidende Umstellung, die manchen zuerst gar nicht so recht behagen mag. Bereiten Sie ihr Steinbock-Kind gut und ausführlich darauf vor.

Wenn Sie so vorgehen, wird der kleine Steinbock gut verstehen können, dass ihn diese Zeit auf die Schule vorbereitet und alle Kinder den Kindergarten besuchen müssen. Nach einer Weile wird er sich dann in den hoffentlich sehr gut geregelten Tagesablauf einfinden und auch keine Schwierigkeiten zeigen, sich in die Gemeinschaft einzufügen. Wenn Ihnen dies gelungen ist, werden Sie nicht mit dem Problem zu kämpfen haben, jeden Morgen einen mürrischen und rebellischen kleinen Steinbock in den Kindergarten transportieren zu müssen.

Die Schulzeit

Die Fleißigen

Man könnte, aus der Sicht der Lehrer betrachtet, fast geneigt sein zu sagen, der kleine Steinbock ist der ideale Schüler. Er ist von Anfang an überaus fleißig und pflichtbewusst. Es wird dem Steinbock-Schüler selten zu viel, auch einen umfangreichen Lehrstoff zu erarbeiten, und er fügt sich problemlos in die Klassengemeinschaft ein.

Fast besorgniserregend, diese Problemlosigkeit!

Keine alternative Schule

Steinbock-Kinder sind wahrscheinlich diejenigen, die am wenigsten geeignet für alternative Schulmodelle sind. Sie fühlen sich in einer konventionellen Schule am wohlsten und zeigen überhaupt keine Probleme, sich an Disziplin und Regelmäßigkeit zu gewöhnen.

Der ehrgeizige Steinbock

Der Ehrgeiz des Steinbocks zeigt sich schon ganz am Anfang seiner Schulkarriere. Er misst sich gerne mit seinen Klassenkameraden und möchte gerne der Erste sein. Dabei macht es keinen Unterschied, ob es sich um Steinbock-Jungen oder Steinbock-Mädchen handelt.

Im Gegensatz zu vielen anderen Kindern kommt es beim jungen Steinbock eher darauf an, ihn einmal zu ermutigen, dem Leistungsstress für eine Weile Adieu zu sagen.

Allerdings wäre es für einen Steinbock-Schüler fast schon so etwas wie eine Revolution, einmal ohne Hausaufgaben in die Schule zu gehen!

Der Schulsprecher

Steinböcke haben in der Schule die besten Chancen, den Posten des Schulsprechers zu besetzen, was sie auch gerne tun werden. Sie engagieren sich mächtig für alle Belange ihrer Mitschüler und werden bei jeder Ungerechtigkeit sofort auf den Barrikaden stehen. Eine gerechte Schulordnung ist für sie oberstes Gebot.

Steinböcke können zudem in jungen Jahren schon Verantwortung für andere übernehmen, sodass sie vom Tutor bis zum Schulsprecher meistens eine fortlaufende Linie zeichnen. Ständig ein wenig mehr Verantwortung übernehmen!

Das ganze Jahr ist Examen

Der Steinbock steht praktisch, in seinem Verständnis, immer kurz vor dem Examen. Er wird sich nicht erst vier Wochen vor einer Prüfung dafür vorbereiten, sondern schon das ganze Jahr auf den Tag X hin lernen. Der Fleiß geht dabei allerdings zulasten der Lebensqualität; denn ob die Sonne draußen lacht und es Badewetter ist, wird den fleißigen Steinbock wenig interessieren. Er büffelt weiter!

Die Eltern sollten den übermäßigen Ehrgeiz ihrer kleinen Sprösslinge gelegentlich sanft abbremsen.

Die ausgewählten Freunde

Steinböcke sind nicht die Kinder, die stets mit einer großen Schar Freunde herumziehen. Sie gelten allgemein als die eher verschlossenen, wenig geselligen Schüler. Dafür werden sie aber eine Handvoll ausgewählter Schulkameraden zu ihren engen Freunden zählen, die ihr ganzes Schulleben an ihrer Seite bleiben.

Steinbock-Kinder und ihre Spielgefährten

Die kleinen Spielverderber

Im schulischen Rollenspiel kommt den kleinen Steinböcken oft eine unschöne Aufgabe zu. Da sie in den meisten Fällen zu früh erwachsen werden, spielen sie nicht selten die Rolle des Spielverderbers. Sie können sich den wilden Spielen ihrer Kameraden nicht mehr hingeben und mahnen daher zu Vernunft und Mäßigung.

Dieses Verhalten des Steinbock-Schülers wird bei den abenteuerlustigen Widdern oder Löwen natürlich auf wenig Gegenliebe stoßen und hier können sich durchaus unangenehme Spannungsverhältnisse aufbauen. Aus der Kritik und dem Spott der tobenden Mitschüler werden leicht Ärger und Aggression.

Die guten Kameraden

Die Stärke der jungen Steinböcke liegt in ihrer Verlässlichkeit und Kameradschaftlichkeit. Ihre Schulfreunde können sich hundertprozentig auf sie verlassen. Wenn der Steinbock sagt, er wird mit dem Fußball um 15 Uhr am Sportplatz sein, dann ist er auch pünktlich da.

Die Nachtragenden

Steinböcke verfügen über ein ausgezeichnetes Gedächtnis, im positiven wie im negativen Fall. Sie zeichnen sich daher durch ein extrem nachtragendes Wesen aus und werden eine einmal erlebte Enttäuschung mit einem Freund oder einer Freundin nicht mehr vergessen. Die Enttäuschung wird sich sehr schnell in Misstrauen verwandeln und dann fällt der Spielkamerad oder die Spielkameradin von heute auf morgen in Ungnade. Und aus dieser „Ungnade" wird er oder sie auch so schnell nicht wieder entlassen werden.

Es wäre daher ein pädagogischer Erfolg, wenn es gelänge, dem Steinbock die Kunst des Vergebens und Verzeihens zu vermitteln. Das kann aber eine Lebensaufgabe werden!

Die Spiel-Kameraden

Steinböcke sind kleine Denker und Tüftler. In ihrem Spielverhalten wird sich das darin zeigen, dass sie eine große Neigung zu Strategie- und Brettspielen entwickeln. Überall da, wo ihre logischen Fähigkeiten und ihr scharfes Denkvermögen verlangt werden, werden sich die jungen Steinböcke angesprochen fühlen.

Freizeit

Die Reiseländer des Steinbocks

Indien

Steinböcke lieben Traditionen. Was wäre daher besser geeignet als die uralte Indus-Kultur. Unzählige Kulte, Rituale und Sitten werden den aufgeschlossenen Steinbock faszinieren, ihn tagelang Kulturstätten besuchen und die Vergangenheit des alten Reiches ergründen lassen. Die reiche spirituelle Tradition Indiens hingegen wird ihn zwar historisch-kulturell, nicht aber praktisch-spirituell interessieren.

England

England hat zwei Seiten. Während der Widder eine Reise nach England liebt, um die witzigen und etwas schrulligen Seiten des Inselvolkes kennenzulernen, wird der Steinbock in die ehrwürdigen Zentren der Gelehrsamkeit reisen. Ein Besuch in Oxford und Cambridge wird zu einem Höhepunkt im Leben eines Steinbocks. Hier wird er, zumindest in den allermeisten Fällen, bedauern, nicht selber ein Schüler dieser traditionsreichen Lehranstalt gewesen zu sein.

Mexiko

In Mexiko kommt der Hobby-Archäologe im Steinbock voll auf seine Kosten. Hier kann er tagelang alte Pyramiden und Paläste besichtigen und zahllose

archäologische Fundstätten besuchen, deren Ur-
sprünge bis heute noch nicht ganz geklärt sind. Zwar
wird der rationalistische Steinbock alle Spekulationen
über gelandete Götter aus fremden Galaxien ablehnen, aber faszinieren wird ihn diese geheimnisvolle
Welt dennoch. Schließlich sind die Ruinen und Pyramiden ja nun einmal Tatsachen und da befindet sich
der Steinbock auf gesichertem Boden.

Antarktis

Mit sinkender Temperatur soll die Natur ja stets in
Zustände größerer Ordnung übergehen. Vielleicht
ist es dieses Phänomen, das den Steinbock an der
Antarktis reizt. Die glitzernden Kristalle und die
majestätischen Eisblöcke sprechen vielleicht seinen
Sinn für Ordnung und Ästhetik an. Wenn es ihm nicht
zu abenteuerlich wäre, würde er vielleicht zu einer
Hundeschlittenfahrt aufbrechen, aber dazu weist ein
Steinbock dann nicht genügend Sinn für das Abenteuer auf. So wird er die antarktische Schönheit lieber
vom sicheren Eisbrecher aus bewundern.

Der Steinbock und seine Hobbys

Historische Romane

Der Steinbock liest ausgesprochen gerne, und seine
bevorzugte Lektüre werden Romane oder Sachbücher

zu bedeutenden Epochen der Geschichte darstellen. Das kann vom Ägypten der 18. Dynastie bis hin zur Französischen Revolution reichen. Echnaton interessiert den Steinbock nicht weniger als Danton.

Bibliotheken

Wenn die Leidenschaft für Bücher besonders ausgeprägt ist, wird aus dem Steinbock ein regelmäßiger Bibliotheksbesucher, der Neigungen ausprägt, am liebsten gleich zwischen seinen bibliophilen Schätzen zu übernachten. Was gibt es nicht für Wunderwelten in alten Folianten oder Schweinslederbänden zu entdecken!

Der Antiquitätensammler

Der traditionalistische, konservative Steinbock besitzt eine große Liebe für die Vergangenheit. Dies drückt sich bei seinen Hobbys in einer Vorliebe für Antiquitäten aus. Dabei wird er allerdings stets in einen Zwiespalt zwischen der Liebe zu ausgewählten Objekten und seiner angeborenen Sparsamkeit kommen. Es lässt sich nicht vorhersagen, welcher Wesenszug jeweils die Oberhand behalten wird!

Der Münzensammler

Ebenso wie Antiquitäten wird der Steinbock auch Münzen aus allen Epochen und Kulturen sammeln. Sie sind für ihn ein Spiegelbild einer Geschichtsperiode und das Zeugnis einer untergegangenen Zivilisation.

Über die Münzen und die Geschichte ihrer Prägung taucht der Steinbock ein in vergangene Zeiten, in denen er sich oftmals mehr zu Hause fühlt als in seiner aktuellen Gegenwart.

Der Schreiner

Der handwerklich begabte Steinbock wird hervorragende Arbeiten auf dem Gebiet der Schreinerei abliefern. Er weist außergewöhnliche Fähigkeiten auf, wundervoll gearbeitete Möbel und kleine Kunstgegenstände herzustellen.

Der Hobby-Archäologe

Schon bei der Beschreibung der Reiseländer des Steinbocks wurde deutlich, in welch außerordentlichem Maße den Steinbock die Archäologie interessiert. Es zählt zu einem seiner verborgenen Träume, einmal wie Howard Carter mit dem Spaten in der Hand im „Tal der Könige" zu graben und natürlich ein Pharaonengrab zu entdecken. Für den realistischen Steinbock ist diese Träumerei schon ein wahrer Exzess an Fantasie!

Der Musiker

Steinböcke zeigen in vielen Fällen eine ausgeprägte musische Begabung, wobei es weniger der Hardrock oder der Reggae als vielmehr die Klassik sein wird, die ihn anspricht.

Der Mond und die Tierkreis- zeichen

KAPITEL 8

Allgemeines
über den Mond

Der Mond benötigt knapp achtundzwanzig Tage
(genau 27,32), um einmal um die Erde zu ziehen. Die
gleiche Zeit braucht er, um sich einmal um die eigene
Achse zu drehen.

Da der Mond selbst kein Licht abstrahlt, reflek-
tiert er lediglich das Licht der Sonne. So hängen die
sogenannten „Mondphasen" (Neumond, abnehmender
Mond, Vollmond und zunehmender Mond) von seiner
Position zu Erde und Sonne ab.

Wenn man davon spricht, dass z. B. der Mond eines
Menschen im Widder steht, so ist damit der Stand des
Mondes im Augenblick der Geburt dieses Menschen
gemeint. Sie können diese Information Ihrem persönlichen Horoskop entnehmen, das Sie sich von einem
Astrologen oder online erstellen lassen, oder aus den
gängigen Mond-Tabellen Ihres Geburtsjahres.

Neben dem Mond im persönlichen Horoskop gibt es
natürlich noch die Mondphasen des täglichen Erden-
lebens. Sie können also den Mond in Ihrem Horoskop
im Schützen stehen haben, der heutige Tag dagegen
zeigt den Mond in der Jungfrau. Sie können den täglichen Stand des Mondes leicht anhand der vielen
Mond-Tabellen für das laufende Jahr ablesen.

Wer hat nicht schon einmal eine schlaflose Voll-
mondnacht verbracht oder anderweitig den Einfluss
des Mondes gespürt? Wenn man etwa Kartoffeln an
Tagen erntet, an denen der Mond im Stier steht, wird

man feststellen, dass diese länger als im Vorjahr eine glatte Haut bewahren. Es empfiehlt sich zudem in Gesundheitsfragen, etwa bei anstehenden Operationen, den Stand des Mondes zu beachten. Es wäre durchaus ratsam, einen anstehenden Zahnarzttermin um ein paar Tage zu verschieben!

Im nachfolgenden Text wird zuerst der Mond im Horoskop behandelt, danach der Einfluss des Mondes im täglichen Leben. Beides ist so leicht zu unterscheiden.

🐏 Der Mond im Widder

Unter dieser Konstellation finden wir Menschen, die mit ihrer ehrlichen Meinung nicht „hinter dem Mond" halten. Es sind die entschlossenen, mutigen Menschen, die ihre Unabhängigkeit sehr schätzen.

Allerdings kann es ein Problem mit ihrer Gereiztheit geben. Sie reagieren auf ein unglücklich gewähltes Wort schon einmal mit einem spontanen Wutausbruch.

Menschen mit einem Mond im Widder können, wenn sie unglücklich sind, eine unangenehme sarkastische Neigung entwickeln.

Frauen, die einen Mond im Widder haben, können starke männliche Anteile aufweisen, auch wenn es sich nicht gleich um militante Blaustrümpfe handeln muss!

Im täglichen Leben

♈ Wenn der Mond im Widder steht, sind die Menschen häufig gereizter als normalerweise. Auch im Straßenverkehr tippt der Finger öfter an die Stirn als an anderen Tagen. Zudem ist Vorsicht an Kreuzungen angesagt!

ॐ Obwohl in der Regel an solchen Tagen die Dinge leichter von der Hand gehen, sollten Sie sich vor Stress hüten. In diesem Fall wären Kopfschmerzen vorprogrammiert.

ॐ Mit dem Mond im Widder haben Sie die Chance schlechthin, bei Ihrem Chef wegen einer Gehaltserhöhung vorstellig zu werden. Vorwärts – dem Mutigen gehört die Welt!

ॐ Hegen Sie einen Kinderwunsch? Die Wahrscheinlichkeit, dass ein heute gezeugtes Kind ein Junge wird, ist sehr groß!

ॐ Wenn Sie gerne im Garten arbeiten, sollten Sie jetzt die Bäume beschneiden; auch das Düngen von Gemüse kann auf keinen besseren Zeitpunkt fallen. Gemüse, das schnell geerntet werden soll, stecken Sie am besten heute in die Erde. Vor allem die Tomaten sollten Sie unbedingt dann setzen, wenn der Mond im Widder steht.

Der Mond im Stier

Die treuesten Seelen haben ihren Mond im Stier. Diese Menschen lieben die Behaglichkeit und Ruhe, denn sie sind unbedingt wichtig für ihren Seelenfrieden. Es sind sinnliche Ästheten, die allerdings ihre gewohnten Lebensrhythmen benötigen. Sie werden gerne verwöhnt, aber sie verwöhnen auch gerne andere. Sie haben eine feine Nase und die guten Düfte regen den Appetit an. Daher sind Menschen mit dem Mond im Stier nicht selten übergewichtig.

Der Stier ist ein Gewohnheitstier und Menschen mit dem Mond im Stier neigen zu ausgeprägten

Gewohnheiten, die manchmal in einer ermüdenden Monotonie und Langeweile enden können. Dann werden sie richtig schwerfällig.

Im täglichen Leben

☡ Wenn der Mond im Stier steht, beherrschen die langsamen Tätigkeiten den Tagesablauf. Es wird um Dinge gehen, die eine lange Ausdauer erfordern. Dafür werden Sie sich harmonisch und ausgeglichen fühlen, was die Arbeit erleichtert.

☡ Steht der Mond im Stier, sollten Sie keine Mandel- oder Halsoperationen vornehmen lassen. Es würde Ihnen nicht gut bekommen!

☡ Wollen Sie ein neues Haus kaufen oder einen Mietvertrag unterschreiben, dann warten Sie besser, bis der Mond den Stier wieder verlassen hat. Sie könnten sich viel Ärger ersparen!

☡ Hegen Sie einen Kinderwunsch? Ein heute gezeugtes Kind wird wahrscheinlich ein Mädchen.

☡ Ruft Sie der Garten, sollten Sie jetzt dem Ungeziefer im Erdreich auf die Pelle rücken. Heute könnten Sie den Biestern richtig zusetzen!

👫 Der Mond in den Zwillingen

Kennen Sie nicht auch jemanden in Ihrem Freundeskreis, dessen Redefluss kaum zu stoppen ist? Die Chancen stehen gut, dass er seinen Mond in den Zwillingen hat. Solche Menschen benötigen einen regen Gedanken- und Gefühlsaustausch und geraten immer wieder in Situationen, die sie äußerst anregend finden.

Mit dem Mond in den Zwillingen haben wir einen vielseitigen, spritzigen und unternehmungslustigen Menschen vor uns, der immer wieder auch Schwung ins Leben anderer Menschen bringen kann. Gelegentlich wird Menschen mit dieser Konstellation unterstellt, sie seien oberflächlich; aber Sie werden kaum einen interessanteren Gesprächspartner finden.

Wenn Sie dringend eine Nachricht übermitteln müssen, das Telefon aber dauernd besetzt ist, dann quasselt am anderen Ende der Leitung ein Zwillings-Mond. Fassen Sie sich in Geduld, es kann lange dauern!

Im täglichen Leben

- Es ist die richtige Zeit, um neue Kontakte zu knüpfen. Wollten Sie nicht schon immer die netten neuen Nachbarn zum Essen einladen? Vielleicht sollten Sie auch etwas Lustiges, Ungewöhnliches für den Abend planen. Wie wäre es mit einem aufregenden Blind-Date?
- Sie können mit dem Mond in den Zwillingen aber auch zu Hause Ihren Studien nachgehen. Die Zeit dafür ist günstig.
- Im Garten sollten Sie jetzt rankende Pflanzen säen.
- Auch Briefe, die schon lange auf eine Antwort warten, könnten jetzt in Angriff genommen werden.
- Hegen Sie einen Kinderwunsch? Ein heute gezeugtes Kind wird vermutlich ein Junge.
- Ist Hausputz angesagt, werden die Fenster heute mehr glänzen als sonst, obwohl die ganze Sache scheinbar mühelos abläuft. Lassen Sie sich jetzt nicht stoppen; es ist die richtige Zeit, um wieder einmal die ganze Wohnung kräftig durchzulüften.

 Der Mond im Krebs

Die Krebs-Monde kennzeichnen die ganz zart besaiteten Wesen des Tierkreises. Sie nehmen alle Einflüsse auf wie ein feuchtes Tuch. Es sind Menschen mit einer ausgeprägten Feinfühligkeit, die aber gepaart ist mit außerordentlicher Launenhaftigkeit.

Mit dem Mond im Krebs braucht es enorm viel Geborgenheit, sonst gibt es Probleme. Bei dieser Konstellation kann es auch eine starke Furcht vor dem Unbekannten geben, und daraus entstehend eine gewisse Unbeweglichkeit.

Menschen mit dem Mond im Krebs sind ausgesprochen liebevoll und lesen ihren Mitmenschen alle Wünsche von den Lippen ab. Allerdings können sie sich auch stark anklammern und festhalten.

Im täglichen Leben

- ♋ Heute sollten Sie Besuch einladen und ihn verwöhnen, er wird es Ihnen danken. Servieren Sie aber kein schweres Essen, denn an diesen Tagen ist der Magen sehr empfindlich!
- ♋ Lassen Sie die Seele baumeln, denn es ist nicht unbedingt die Zeit, um Bäume auszureißen und Berge zu versetzen. Es ist besser, Sie widmen sich Ihrer Familie.
- ♋ Sollten Sie sich jetzt einsam fühlen, nehmen Sie sich selbst nicht zu ernst, in wenigen Tagen oder Stunden schaut die Welt schon wieder ganz anders aus; denn es ist keine schlechte Zeit für den Beginn einer neuen romantischen Liebe. Allerdings sollten

Sie sich vor zu großer Empfindlichkeit hüten. Dafür ist später auch noch Zeit!

☽ Hegen Sie einen Kinderwunsch? Es wird ein Mädchen.

☽ Sollten Sie nicht gerade dem Hausputz frönen, packen Sie Ihre Sachen, gehen schwimmen und anschließend in die Sauna, es ist genau der richtige Zeitpunkt für solche Aktivitäten.

☽ Und weil wir schon bei den feuchten Aktivitäten sind: Heute ist ein guter Waschtag. Die hartnäckigen Flecken können Sie heute endlich entfernen!

🦁 Der Mond im Löwen

Die Löwe-Monde sind die Menschen mit dem sonnigen Gemüt. Sie können jugendlich verspielt sein; und sie sind großzügig in allen Lebensbereichen. Sie sollten aber beachten, dass diese Menschen im Mittelpunkt stehen wollen, das ist für sie sehr wichtig!

Sie strahlen viel Herzenswärme aus und verfügen über einen angeborenen Beschützerinstinkt. Sie werden auch feststellen, dass die Löwe-Monde ganz automatisch eine Führungsrolle einnehmen und sich damit ganz prächtig fühlen. So wollen sie es haben! Für ihre Mitmenschen allerdings ist dieses „Ich-bin-so-toll"-Gefühl und die Arroganz der Löwe-Monde nicht immer leicht zu ertragen.

Im täglichen Leben

☽ Munter hinein ins Vergnügen! Feste, Partys und sportliche Aktivitäten werden unter dieser Konstellation großgeschrieben. Sie sollten allerdings darauf achten, es nicht zu übertreiben. Es gibt

Seitensprünge, die einem später Kopfschmerzen bereiten!

☽ Wenn Sie unter das Messer müssen, dann heute besser keine Herzoperationen. Überhaupt sollten Sie bei dieser Mond-Konstellation auf Herz und Kreislauf achten!

☽ In Ihrem Umfeld können Sie heute Ihre Kompetenz beweisen. Stellen Sie also gerade heute Ihr Licht nicht unter den Scheffel!

☽ Wenn Sie ausgehen wollen, wären Oper oder Theater die erste Wahl.

☽ Hegen Sie einen Kinderwunsch? Es wird ein Junge.

☽ Und nicht vergessen: heute Körperpflege betreiben und vor allem Haare schneiden. Vom Ergebnis werden Sie überwältigt sein!

🌱 Der Mond in der Jungfrau

Die Ordnung hält Einzug. Es findet sich Systematik und sorgfältige Planung in allen Lebensbereichen.

Menschen mit dem Mond in der Jungfrau zählen zu den „Dienern des Lebens". Sie betrachten andere und stellen fest, dass sie selbst nur an zweiter Stelle stehen. Manchmal kommt dann Neid auf, aber letztlich siegt die Vernunft.

Unter dieser Konstellation kann es zu einer gewissen Kritiksucht kommen, die äußerst unangenehm auf die Mitmenschen wirkt. Zudem kommen die Jungfrau-Monde mit einer gewissen distanzierten Kühle daher, was sie etwas unnahbar wirken lässt. Oft findet sich dahinter aber eine große Tiefe und Gefühlsintensität.

Wenn sie sich öffnen könnten und spontaner wären, würde sich das Leben von einer leichteren Seite zeigen.

Im Körper können sich die Eingeweide und die Nerven melden – es ist dann Zeit zum Entrümpeln der Psyche. Frisch und mutig an die Arbeit!

Im täglichen Leben

♑ Es ist wahrlich nicht der Tag für die romantischen Treffen bei Kerzenschein. Der Besuch bei der alten Tante im Altersheim ist angesagt – sie wird es Ihnen danken.

♑ Besser, Sie schaffen heute Ordnung oder belegen einen Kochkurs, denn es ist nicht die Zeit für spontane Einfälle! Wartet nicht schon lange Ihre Steuererklärung auf Sie?

♑ Hegen Sie einen Kinderwunsch? Es wird ein Mädchen.

♑ Der Tag eignet sich drinnen zum Haare schneiden und draußen zum Balkonpflanzensetzen. So ist die Zeit gut genutzt!

♎ Der Mond in der Waage

Die Zeit der Aussöhner und Schlichter ist gekommen! Die Waage-Monde sind geradezu süchtig nach Harmonie. Bei Streiks sollten grundsätzlich nur Schlichter mit einem Waage-Mond zugelassen werden!

Im Körper kann es bei dieser Mond-Stellung zu starken Hautreaktionen kommen, auch die Nieren sollten im Auge behalten werden.

Es sind Menschen, die der Schönheit sehr zugeneigt sind. Häufig finden wir hier auch äußerst begabte

Künstler, die allerdings Schwierigkeiten haben, sich genau festzulegen. Die Waage pendelt immer hin und her. Waage-Monde müssen lernen, sich zu entscheiden und Abhängigkeiten zu vermeiden.

Im täglichen Leben

☋ Gehen Sie Ihren gesellschaftlichen Interessen nach und genießen Sie das Leben. Es ist die richtige Zeit für einen Stadtbummel.

☋ Heute ist das Selbstbewusstsein etwas schwach ausgeprägt und Entscheidungen fallen Ihnen schwerer als sonst. Warten Sie einfach, bis der Mond in den Skorpion wechselt. So lange dauert das ja nicht!

☋ Verschönern Sie inzwischen Ihre Wohnung. Sie werden sie selbst nicht wiedererkennen.

☋ Wenn Sie nach draußen gehen oder im Haus herumrennen, vergessen Sie die warmen Socken nicht, Ihre Blase wird es Ihnen danken!

☋ Hegen Sie einen Kinderwunsch? Es wird ein Junge!

Der Mond im Skorpion

Die Skorpion-Monde haben ein ausgeprägtes Durchsetzungsvermögen, das bis zur Rücksichtslosigkeit gehen kann. Sie sind entschlossen und bevorzugen große Unabhängigkeit in ihrem Gefühlsleben. Es sind oft sehr verschlossene Menschen, die aber durch ihr Wesen die Belastbarkeit und Gefühlswelt ihrer Mitmenschen prüfen. Sie können gar nicht anders; und sie kennen dabei keine Grenzen.

Mit dem Mond im Skorpion haben Sie die Gabe, unbewusst die Fehler Ihrer Mitmenschen zu erfühlen und direkt zur Sprache zu bringen. Das macht Sie nicht unbedingt zu jedermanns Liebling!

Die Skorpion-Monde sind faszinierende, geheimnisvolle Menschen, die man nie ganz versteht. Daher kommt der Ausdruck vom Skorpion-Blick, der tief in die Seele zu schauen scheint. Aber man kann nicht in die gleiche Tiefe zurückschauen!

Im täglichen Leben

♏ Haben Sie bestimmte Gefühle lange verdrängt, so kommen diese an Skorpion-Tagen an die Oberfläche und machen Ihnen und anderen zu schaffen. Trotzdem können Sie heute alle anstrengenden Arbeiten gut erledigen.

♏ Achtung: Heute ist alles explosiver als sonst – auch im Bett!

♏ Skorpion-Tage sind gut für Füllungen beim Zahnarzt, wobei es möglichst zunehmender Mond sein sollte! Auch die Dauerwelle hält heute einfach länger und strapaziert die Haare weniger. Es sollte sich ebenfalls möglichst zunehmender Mond am Himmel zeigen.

♏ Hegen Sie einen Kinderwunsch? Es wird ein Mädchen.

♏ Im Garten reagieren die Pflanzen an diesen Skorpion-Tagen besonders gut auf den Dünger; allerdings sollte dabei abnehmender Mond sein.

♐ Der Mond im Schützen

Menschen mit dieser Mondstellung suchen nach dem Sinn des Lebens. Sie sind erfüllt von einem ausgeprägten Idealismus und für die „wahre" Sache setzen sie sich mit allen Kräften ein. Sie fühlen sich in der Welt der Philosophie zu Hause.

Darüber hinaus verfügen sie über die Fähigkeit, andere durch ihren Idealismus mitzureißen, ohne dabei auf ihre Überredungskünste zurückgreifen zu müssen. Sie überzeugen einfach durch ihr Dasein!

Es sind freie Seelen, denn die Freiheitsidee ist ihnen schon in die Wiege gelegt worden! Manchmal sind ihre Höhenflüge allerdings unrealistisch; doch ohne sie könnten die Schützen-Monde einfach nicht leben.

Im täglichen Leben

♐ Wenn Sie eine interessante Kurzreise planen – jetzt ist der richtige Zeitpunkt. Auch für schwierige Gespräche ist jetzt ein guter Zeitpunkt, denn Toleranz ist angesagt. Wollten Sie nicht schon lange Ihre „geliebte" Schwiegermutter anrufen?

♐ Hüten Sie sich vor zu großen Versprechungen; denn wenn der Mond in den Steinbock wandert, schaut die Welt schon wieder ganz anders aus!

♐ Es ist ein Tag, um nach innen zu gehen und über die großen Lebensfragen zu meditieren. Heben Sie aber bitte nicht ab!

♐ Vielleicht wollen Sie sich auch um einen neuen Job bemühen oder nur eine Gehaltserhöhung fordern – heute ist Ihr Tag!

෪ Wenn Ihnen nichts anderes einfällt, dann gehen
   Sie einfach wieder einmal ins Museum oder rufen
   einen vernachlässigten Freund an. Dann ist die Zeit
   genutzt.
෪ Hegen Sie einen Kinderwunsch? Es wird ein Junge!
෪ Im Garten sollten Sie, bei abnehmendem Mond, den
   Rasen mähen oder das Gemüse düngen.

Der Mond im Steinbock

Menschen mit dieser Mondstellung unterliegen einem
inneren Ehrgeiz, der sie einem starken Druck aussetzt.
Sie legen an sich selbst enorm strenge Maßstäbe an,
denen sie dann manchmal selbst nicht gewachsen
sind. Sie wirken unnahbar, da sie ihr Gefühlsleben sehr
stark kontrollieren. Es handelt sich bei dieser Konstellation um Einzelkämpfer, die allein sich selbst Vertrauen schenken. Ihre Gefühlswelt scheint gar nicht zu
existieren, daher wirken sie auf andere kalt und fast
wie erstarrt.

Für Steinbock-Monde wäre es lebenswichtig, aus
einer selbst angelegten Zwangsjacke auszubrechen
und sich zu befreien!

Im täglichen Leben

෪ Wollen Sie eine Lebensversicherung abschließen,
   so ist diese Mondstellung eine hervorragende Aus-
   gangslage.
෪ Es ist nicht gerade eine Zeit für ausgelassene Feste,
   Pflichten sind eher angesagt. Da aber gegenwärtig
   die persönlichen Wünsche und Sehnsüchte ohnehin nicht im Vordergrund stehen, lässt sich alles

bewältigen. Zudem wird man an diesen Steinbock-Mondtagen ohnehin nicht leicht unter Ermüdung leiden.

☽ Haut und Nägel sollten bei abnehmendem Mond gepflegt werden, auch die Zahnreinigung wäre keine schlechte Geschichte. Ab zum Zahnarzt!

☽ Hegen Sie einen Kinderwunsch? Es wird ein Mädchen.

☽ Im Garten ist Unkrautjäten bei abnehmendem Mond angesagt; bei zunehmendem Mond sollte dagegen umgetopft werden!

Der Mond im Wassermann

Hier treffen wir die Weltverbesserer, denn die Menschen mit dem Mond im Wassermann sind mit einem starken Gerechtigkeitssinn ausgestattet. Freiheit ist die Grundstimmung, die ihr Leben prägt und auf der sie alle Aktivitäten aufbauen. Sie schneiden die alten Zöpfe ab und leiten Reformen ein.

Es können ruhelose Geister sein, die innerlich ständig angetrieben werden und auf der Suche nach der Wahrheit sind. Ihre rastlose Suche lässt sie aber Ideen für eine neue Zeit entwickeln. Darunter kann dann auch schon einmal eine „verrückte" Idee sein.

Mit dem Mond im Wassermann sind Sie ständig auf Achse. Langeweile und Eintönigkeit bringen Sie um! Sie brauchen das Ungewöhnliche zum Leben.

Durchblutungsstörungen und Kreislaufprobleme sollten Sie bei dieser Mond-Stellung ernst nehmen!

Im täglichen Leben

- ☡ Es ist die Zeit für Teamarbeit! Gemeinsame Ideen können ein fantastisches neues Projekt auf den Weg bringen.
- ☡ Vielleicht wollen Sie aber auch nur den Keller entrümpeln oder die Fenster putzen. Bei abnehmendem Mond wären das die richtigen Aktivitäten!
- ☡ Joggen oder Tanzen könnten Ihnen auch zusagen, denn die Energie stimmt!
- ☡ Bei zunehmendem Mond können Sie auch an die neuen Zahnfüllungen denken. Jetzt passen sie!
- ☡ Hegen Sie einen Kinderwunsch? Es wird ein Junge!
- ☡ Im Garten können Sie bei Vollmond und bei abnehmendem Mond die Blumen düngen.

Der Mond in den Fischen

Menschen mit einem Fische-Mond zeichnen sich durch eine liebevolle Aura aus, die es anderen Menschen erleichtert, ihnen Vertrauen zu schenken. Sie strahlen Freundlichkeit und Hilfsbereitschaft aus, die gerne in Anspruch genommen werden.

Es sind tiefe Seelen, deren unergründliche Seelenwelten von der Außenwelt oft nicht erkannt werden, da sie sich ganz in ihrer eigenen Welt abspielen. Der innere Ozean der Fische-Menschen!

Unter allen Mond-Typen sind sie die feinfühligsten, daher haben sie die größten Probleme mit dem Leiden anderer. Ähnlich den Krebs-Monden können sie sich nur schwer abgrenzen.

Manchmal versäumen sie vor lauter Träumerei das „richtige" Leben. Sie müssen Boden unter den Füßen fassen und ihr Selbstvertrauen verbessern.

Im täglichen Leben

☽ Das große Gefühl ist angesagt. Nehmen Sie sich ausreichend Taschentücher und schauen Sie sich im Kino die großen Liebesschnulzen an. Es ist die richtige Zeit, um sich total auszuheulen!

☽ Instinkte und Gefühle bestimmen in diesen Tagen alles Leben, und Sie werden auch spüren, wenn jemand Ihre Hilfe benötigt. Heute können Sie diese ganz mühelos verschenken.

☽ Entspannungsübungen und Massagen werden sich jetzt als besonders wirksam erweisen.

☽ Waschen und Saunabesuche sind bei abnehmendem Mond anzuraten; auch ein Zahn könnte, wenn es denn sein muss, jetzt gezogen werden.

☽ Hegen Sie einen Kinderwunsch? Es wird ein Mädchen.

154

Berühmte Steinböcke

Berühmte Frauen

Kaiserin Elisabeth von Österreich
(geb. 24.12.1837)

Die berühmte „Sissi" war eine der herausragendsten Steinbock-Frauen des 19. Jahrhunderts. Noch heute, mehr als ein Jahrhundert später, bewegt ihre außergewöhnliche Lebensgeschichte die Herzen der Menschen.

Marlene Dietrich (geb. 27.12.1901)

Mit außergewöhnlicher Disziplin und Zähigkeit erarbeitete sich die eher verschlossene Marlene eine Weltkarriere. Zurückhaltend, fast unnahbar – vor allem im Alter – zählt sie zu den großen Künstlerpersönlichkeiten des 20. Jahrhunderts.

Hildegard Knef (geb. 28.12.1925)

Auch eine der größten Bewunderinnen der Dietrich wurde unter dem Zeichen des Steinbocks geboren – Hildegard Knef. Eine Frau, die vom Schicksal häufig hart getroffen wurde, es aber immer wieder verstand, mit großer Zähigkeit und Kampfkraft aufzustehen und einen Neuanfang zu wagen.

Maria Schell (geb. 15.1.1926)

Auch Maria Schell zählte zu jenen Großen des Show-
Geschäfts, die trotz aller Krisen immer wieder den
Mut und die Willensstärke aufbrachten, nach Krisen
und Zusammenbrüchen erfolgreich zurückzukom-
men. Es ist dabei interessant zu beobachten, dass
diese inneren Steinbock-Qualitäten häufig auch in den
gespielten Rollen in Filmen und Fernsehspielen zum
Ausdruck kamen.

Berühmte Männer

Mao Tse-Tung (geb. 25.12.1893)

Der große Chinese verkörpert auf dramatische Weise
die Polarität des Steinbocks zwischen Machtgier
und Menschlichkeit. Einerseits gelang es ihm in be-
wundernswerter Weise, ein großes Volk zu einen,
andererseits schaltete er seine politischen Gegner
mit einzigartiger Skrupellosigkeit aus. Zudem führte
seine marxistische Überzeugung von der „Religion
als Opium fürs Volk" dazu, dass seine Rotgardisten
in einem beispiellosen Völkermord eine der größten
Kulturen der Menschheit nahezu ausrotteten – die
Buddhisten Tibets.

Konrad Adenauer (geb. 5.1.1876)

Der „Alte vom Rhein" verstand es, seine außeror-
dentliche Führungsstärke durch eine religiöse Demut
abzufedern. Dadurch konnte er es vermeiden, seine
politische Härte in eine tyrannische Diktatur ausufern
zu lassen. Adenauer verkörperte die edelste Form von
Steinbock-Disziplin und Führungskraft.

Albert Schweitzer (geb. 14.1.1875)

Dem großen Urwaldarzt war die vollendete Form von
Mitgefühl zu eigen, die ein Steinbock entfalten kann.
So wurde der begnadete Menschenfreund zu einem
der großen Wegweiser der Menschlichkeit in einem
oft unmenschlichen Jahrhundert.

Elvis Presley (geb. 8.1.1935)

Einer der exotischsten Steinböcke des 20. Jahrhunderts. Ein Mann, der eine ganze Generation prägte. Er
war eine charismatische Führungspersönlichkeit, obwohl in sich selbst zerrissen und oft unglücklich.

Persönliche Notizen

Die Autoren

Petra Michel (Sternzeichen: Krebs, Aszendent: Löwe, Mond: Skorpion). Physikstudium, danach führende Stellung in der deutschen Industrie. Langjähriges Astrologiestudium, unter anderem bei Huber und Claude Weiss. Heute Leiterin eines Verlages in den USA.

Annette Wagner (Sternzeichen: Krebs, Aszendent: Schütze, Mond: Zwillinge). Eurythmiestudium, danach Tätigkeit in der Wirtschaft. Langjähriges Astrologiestudium. Seit vielen Jahren Prokuristin in der Verlagsindustrie.

Dr. Peter Michel (Sternzeichen: Krebs, Aszendent: Löwe, Mond: Schütze). Studium der Philosophie, Theologie und Religionswissenschaft, danach Gründung des Aquamarin Verlages. Autor zahlreicher Sachbücher zu den Themen Mystik und Esoterik.

© 2011 Kristall s.r.o.

Genehmigte Lizenzausgabe
tosa GmbH
Industriestraße 19
64407 Fränkisch-Crumbach 2020
www.tosa-verlag.de

Layout, Satz und Umschlaggestaltung:
designcat GmbH

ISBN 978-3-86313-119-7

Bildnachweis
Shutterstock: ARCHITECTEUR 20, 21, 27, 31, 37, 42, 46, 49, 52, 58, 64, 69, 74, 86, 89, 94, 96, 99, 101, 108, 109, 111, 113, 115, 118, 125, 128, 132, 133, 138, 156, 157/MaraQu Cover/marrishuanna Cover, 4, 6, 8, 10, 12, 14, 16, 19, 20, 20, 21, 22, 24, 26, 27, 28, 30, 31, 32, 34, 36, 37, 38, 41, 42, 42, 44, 46, 46, 48, 49, 50, 52, 52, 54, 57, 58, 58, 60, 62, 64, 64, 66, 68, 69, 70, 72, 74, 74, 76, 78, 80, 82, 84, 86, 86, 88, 89, 90, 93, 94, 94, 96, 96, 98, 99, 100, 101, 102, 104, 107, 108, 108, 109, 110, 111, 112, 113, 114, 115, 117, 118, 118, 120, 122, 124, 125, 126, 128, 128, 131, 132, 132, 133, 134, 137, 138, 138, 140, 142, 144, 146, 148, 150, 152, 155, 156, 156, 157, 158/Photosani Cover Front, 1, 18, 40, 56, 92/106, 116, 130, 136, 154/ pixelparticle 2-3/ PPVector 139–147, 149–152